Text und Fotografie:
Sandra & Mirco Stupning

LOW CARB
TO GO

Mit wenig Kohlenhydraten
durch den Tag

INHALT

Liebe Leserin,
lieber Leser,

---

wir freuen uns, dass Sie leckere Gerichte mit wenigen Kohlenhydraten zum Mitnehmen zubereiten möchten. Wir wurden oft gefragt: Was isst man am besten bei der Low-Carb-Ernährungsweise in der Mittagspause und unterwegs? Denn meistens gibt es Low-Carb-Essen zum Mitnehmen nicht beim Imbiss um die Ecke. Unsere Lösung: vorbereiten und mitnehmen!

Unsere leckeren und gesunden Low-Carb-Gerichte lassen sich schnell zu Hause vorbereiten und im Büro in wenigen Minuten fertigstellen. Und wer auf die Pause vorbereitet ist und bereits ein leckeres Gericht in der Tasche hat, der kommt nicht in Versuchung, irgendetwas in der Kantine, beim Bäcker oder im Supermarkt nebenan zu holen. Benutzen Sie das Buch mit Freude und holen Sie sich Ideen aus unseren gesunden Rezepten. Dabei muss nicht alles genau so durchgeführt werden, wie wir es beschrieben haben. Kreativität und die eigenen Lieblingszutaten sind immer noch die besten Voraussetzungen dafür, dass Sie Spaß in der Küche haben und Ihnen das Essen hinterher auch wirklich schmeckt.

Zudem gilt: Zusammen zu essen ist immer schöner, als allein am Tisch zu sitzen. Gestalten Sie die Mittagspause als gemeinsames Erlebnis. Und nicht nur das Essen an sich, auch die Zubereitung kann im Team sehr viel mehr Freude machen. In Gemeinschaft ist es oft viel leichter, sein Vorhaben durchzusetzen und gesteckte Ziele wie eine gesündere Ernährung zu erreichen. Sich zum Mittagessen zu verabreden ist nicht ungewöhnlich, aber eine noch bessere Idee ist es, sich bereits zur Zubereitung in der Küche zu treffen. Salate können mit mehreren Personen schnell direkt vor Ort zubereitet werden. Lebensmittel und Zutaten werden vorher abgestimmt und jeder bringt etwas mit. Bei Speisen, die zu Hause vorbereitet werden müssen, bietet es sich an, sich gegenseitig abzuwechseln.

Unsere Low-Carb-Rezepte unterstützen Sie bei einer gesunden Lebensweise und fördern die Vitalität. Wir wünschen viel Freude mit unseren Gerichten to go.

Liebe Grüße
Sandra & Mirco Stupning

Low Carb heißt nicht No Carb!

Der Begriff Low Carb setzt sich aus den englischen Wörtern »low«, übersetzt »niedrig«, und »carbohydrates«, übersetzt »Kohlenhydrate«, zusammen. Low Carb bedeutet also »niedrige Kohlenhydrate« oder nach der freien Übersetzung »wenig Kohlenhydrate«.

Das Ziel der Low-Carb-Ernährung ist es, die Zufuhr an schlechten und stark kohlenhydratreichen Nahrungsmitteln so gut wie möglich zu reduzieren, nach Alternativen zu suchen und sich auf die gesunden Kohlenhydrate zu konzentrieren. Es kommt also nicht darauf an, komplett auf alle Kohlenhydrate zu verzichten. Vor allem langfristig ist es nicht gesund für den Organismus, wenn er ganz ohne Kohlenhydrate auskommen muss. Bei einem radikalen Verzicht auf Kohlenhydrate muss der Körper auf eine andere Art der Energiegewinnung umstellen. Außerdem kann sich eine extrem reduzierte Kohlenhydratzufuhr, vor allem, wenn sie über einen längeren Zeitraum hinweg erfolgt, negativ auf unsere Gesundheit auswirken, da unserem Körper viele wichtige Stoffe fehlen würden. Eine solch radikale Umstellung der Ernährung darf nur unter ärztlicher Aufsicht erfolgen. Deshalb gilt: Wer gesund abnehmen möchte, der muss mehr Energie verbrauchen, als er zu sich nimmt — das erreicht man am besten durch eine gute Ernährung und Sport. Die Anzahl der Kohlenhydrate sollte immer flexibel je nach körperlicher Aktivität gewählt werden. An Tagen ohne Sporteinheiten sollte man deshalb natürlich weniger Kohlenhydrate zu sich nehmen als an Trainingstagen. Das Erstellen eines Ernährungsplans ist beim Abnehmen sehr zu empfehlen.

WELCHE ROLLE SPIELEN KOHLENHYDRATE IM KÖRPER?

Kohlenhydrate sind die wichtigsten Energielieferanten. Sie werden zur Energiegewinnung in den Körperzellen benötigt und dienen als Brennstoffe, Energiespeicher und als Grundgerüst für die Träger unserer Erbinformationen, der DNA und RNA. Benötigt der Körper die gesamte Energie nicht, die ihm mit einer Mahlzeit zugeführt wurde, wandelt er sie um und lagert sie als Fett ein. Eine Ernährung mit wenigen Kohlenhydraten, am besten kombiniert mit mehreren Sporteinheiten pro Woche, lässt den Körper überflüssiges Fett abbauen.

Die Low-Carb-Ernährung ist aber nicht nur zum Abnehmen eine gute Wahl. Auch viele gesundheitsbewusste Menschen tendieren zu dieser Form, denn hier wird Wert auf eine abwechslungsreiche, ausgewogene Ernährung gelegt und insbesondere auf zu viele Teig-, Back- und Fertigwaren sowie stark verarbeitete Lebensmittel verzichtet. Dafür stehen Gemüse, Salate, Obst, Nüsse, Samen und Fette von guter Qualität im Vordergrund. Es geht also nicht um Verbote, sondern darum, sich für die richtigen Lebensmittel zu entscheiden.

»GUTE« UND »SCHLECHTE« KOHLENHYDRATE

Kohlenhydrate unterscheiden sich im Aufbau. Je komplexer die Struktur der verzehrten Kohlenhydrate, desto länger benötigt der Körper, sie aufzuspalten und zu verarbeiten. Der Organismus muss die Kohlenhydrate in ihre Einzelzucker zerlegen, bevor sie ins Blut aufgenommen werden können. Das Aufschlüsseln und Zerlegen der Molekülketten in ihre Bestandteile erfordert Energie.

DER AUFBAU VON KOHLENHYDRATEN

Die Grundbausteine der Kohlenhydrate sind Einfachzucker. In ihrer kleinsten Einheit bestehen sie aus einem einzigen Zuckerteilchen. Zweifachzucker bestehen demnach, wie der Name schon sagt, aus zwei miteinander verbundenen Einfachzuckern. Als Mehr- und Vielfachzucker werden lange, teils verzweigte Zuckerketten bezeichnet.

Einfachzucker (Monosaccharide)	Zweifachzucker (Disaccharide)	Mehrfachzucker (Oligosaccharide)	Vielfachzucker (Polysaccharide)
1 einzelnes Zuckerteilchen	2 verbundene Zuckerteilchen	3–10 verbundene Zuckerteilchen	> 10 verbundene Zuckerteilchen
Traubenzucker, Fruchtzucker, Schleimzucker	Rohrzucker, Malzzucker, Milchzucker	Raffinose, Stachyose, Verbascose	Stärke, Pektine, Cellulose, Glykogen

GUTE KOHLENHYDRATE sind komplexe Kohlenhydrate. Sie bestehen aus vielen einzelnen, chemisch aneinander geketteten Zuckerteilchen, die man in Mehr- und Vielfachzucker unterteilt. Sie sind beispielsweise in Gemüse, Obst, Nüssen, Vollkorn und Soja enthalten. Der Körper braucht länger für das Aufspalten der Kohlenhydrate, sodass der Blutzuckerspiegel nur schwach ansteigt, der Körper wenig Insulin produziert und die Gefahr der Einlagerung von Fett im Körper gering ist. Komplexe Kohlenhydrate machen länger satt, denn die gewonnene Energie verbleibt länger im Körper. Beim Abnehmen ist es also empfehlenswert, komplexe Kohlenhydrate zu essen.

SCHLECHTE KOHLENHYDRATE sind einfache Kohlenhydrate, die leicht resorbierbar sind. Sie werden vom Körper schnell aufgenommen und gelangen rasch ins Blut. Als Einfach- und Zweifachzucker befinden sie sich vor allem in verarbeiteten Lebensmitteln, die raffinierten Zucker und weißes Auszugsmehl beinhalten. Dazu zählen beispielsweise Süßigkeiten, Back- und Teigwaren aus minderwertigem Mehl, diverse Fertiggerichte, Fast Food, Chips sowie Softdrinks und auch alkoholische Getränke. Einfache Kohlenhydrate werden vom Körper schnell aufgespalten und machen nicht lange satt. Heißhungerattacken sind meistens die Folge.

Zucker im Blut

Der wichtigste im Blut zirkulierende Zucker ist Traubenzucker — ein Einfachzucker. Alle in Nahrungsmitteln enthaltenen Kohlenhydratverbindungen werden vom Körper in einzelne Zuckerteilchen aufgespalten und können erst so genutzt werden. Das Gehirn, die roten Blutkörperchen und das Nierenmark sind auf Traubenzucker angewiesen. Alle anderen Körperzellen gewinnen ihre Energie vorrangig aus der Verstoffwechselung von Nahrungsfetten.

Um lange und verzweigte Kohlenhydratverbindungen abzubauen, benötigt unser Körper mehr Zeit als für einfache Verbindungen. Komplexe Kohlenhydrate sättigen uns deshalb länger und lassen den Blutzuckerspiegel moderat ansteigen und abfallen. Das ist wichtig, denn ein stark schwankender Blutzuckerspiegel (Blutzuckerkarussell) verursacht Heißhungerattacken und Konzentrationsschwäche. Gerät der Blutzuckerspiegel ständig in ein wiederkehrendes Auf und Ab, können Übergewicht und Diabetes die Folge sein.

WIE ENTSTEHT EIN BLUTZUCKER-KARUSSELL?

In den Verdauungsorganen werden alle Zuckerketten aufgespalten. Die dann entstandenen kleinen Zuckerteilchen durchdringen die Zellwände und gelangen ins Blut. Der Blutzuckerspiegel steigt an. Das Gehirn erhält aufgrund des erhöhten Zuckergehalts ein Sättigungssignal und aus der Bauchspeicheldrüse wird Insulin ausgeschüttet. Durch das Hormon Insulin kann der Zucker in die Zellen eindringen und fungiert so als Treibstoff.

Sobald der Zucker im Blut von den Zellen aufgenommen wurde, sinkt der Blutzuckerspiegel ab und das Gehirn erhält ein Hungersignal. Jetzt greifen wir oft erneut zu essbaren Dingen, bevorzugt zu süßen Sachen (Blutzuckerreaktion 1 in der Grafik). Ist der Körper ständig dieser Achterbahnfahrt ausgesetzt, bedeutet das Stress. Durch die erhöhte Insulinproduktion ist die Bauchspeicheldrüse überlastet. Das kann bis zum Versagen der Bauchspeicheldrüse führen. Eine weitere Folge kann auch eine Resistenz des Körpers auf Insulin sein (Diabetes Typ 2).

WIE KANN ICH DAS VERMEIDEN?

Bevorzugt sollten Kohlenhydrate gegessen werden, die eine komplexe Verbindung haben. Gemüse und Salat stehen hierbei ganz vorn. Auch Hülsenfrüchte wie Bohnen, Linsen und Erbsen, aktivierte Nüsse (die in Wasser eingeweicht wurden), Vollkorngetreide wie Dinkel und Pseudogetreide wie Buchweizen liefern langsam verdauliche Kohlenhydrate. Somit geht der Blutzuckerspiegel nicht rapide rauf und runter (Blutzuckerreaktion 2 in der Grafik), sondern steigt und sinkt gemäßigt. Die in den komplexen Kohlenhydraten enthaltenen Ballaststoffe sorgen dazu noch für eine geregelte Verdauung. Je nach Komplexität lassen sich Kohlenhydrate in »gut« und »schlecht« einteilen. Denn je komplexer ein Kohlenhydrat, desto besser ist er für den Körper.

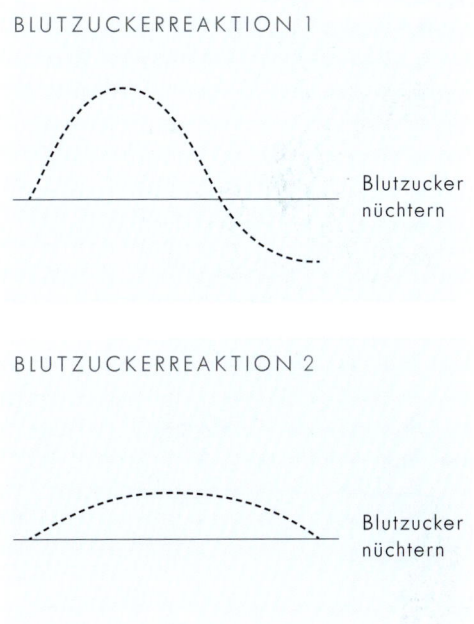

BLUTZUCKERREAKTION 1

Blutzucker nüchtern

BLUTZUCKERREAKTION 2

Blutzucker nüchtern

Gesunde Kohlenhydratzufuhr am Tag

Der Verzehr von täglich 100–150 Gramm Kohlenhydraten ist ideal für den menschlichen Organismus. Das Gehirn und die Nerven benötigen am Tag etwa 120 Gramm Kohlenhydrate. Sie können keine Energie aus Fetten gewinnen, sondern nur aus Traubenzucker (Glucose). Ist die Zufuhr geringer, muss der Körper selbst die Zuckerneubildung (Gluconeogenese) übernehmen, um die Energieversorgung für diese Organe zu sichern. Das ist auf Dauer nicht gesund, denn wer komplett auf Kohlenhydrate verzichten wollen würde, kann sich nicht mehr ausgewogen und gesund ernähren. Eine Ernährung ohne Kohlenhydrate würde recht einseitig und unausgewogen ausfallen. Ein übermäßiger Verzehr von Eiweiß, Fleisch und Fisch kann keine Grundlage für einen vitalen und leistungsfähigen Körper darstellen. Wir empfehlen eine ausreichende Zufuhr an gesunden Kohlenhydraten wie Gemüse und Obst. Diese enthalten neben gesunden Kohlenhydraten auch wichtige Nähr-, Vital- und Ballaststoffe.

WIE VIELE MAHLZEITEN SOLLTE ICH PRO TAG ESSEN?

Empfehlenswert ist es tatsächlich, sich auf drei Hauptmahlzeiten zu beschränken. Die Verdauung funktioniert nämlich am besten, wenn nicht ständig etwas Neues auf die noch im Verdauungstrakt befindlichen Speisen der letzten Hauptmahlzeit gelangt — sei es auch nur Obst, Gemüse oder ein kerniger Riegel. Vor allem beim Abnehmen ist es sinnvoll, weitestgehend auf Snacks zu verzichten. Gerade am Anfang ist das jedoch meist schwer durchzuhalten. Unser Tipp: Wenn sich zwischen den Hauptmahlzeiten Hunger meldet, hilft oft erst einmal ein Glas stilles Wasser. Oft ist es nämlich gar kein richtiger Hunger, sondern es ist nur Durst, es sind Gelüste oder es ist einfach Gewohnheit, etwas nebenbei zu essen.

GESUNDE SNACKS

Wer vor allem zu Beginn der Low-Carb-Ernährungsweise trotzdem zwischendurch etwas zu Essen braucht, sollte auf gesunde Snacks zurückgreifen. Vormittags kann man sich etwas Obst klein schneiden. Ein Low-Carb-Riegel ist ebenfalls eine gute Alternative. Beides versorgt mit Energie und stillt den Hunger bis zur nächsten Mahlzeit auf jeden Fall besser als ein Snack, der schnell verwertbare Kohlenhydrate wie Weißmehl oder Zucker enthält. Gemüse und Nüsse sind zu jeder Tageszeit passende Zwischenmahlzeiten. Auch Low-Carb-Gebäck wie Kekse, Muffins oder Waffeln lassen sich für den kleinen Happen zwischendurch gut transportieren. Weitere Snacks, die ohne großen Aufwand verzehrt werden können, sind Käsewürfel, hart gekochte Eier, Oliven oder Beeren. Einige Rezepte für geeignete Low-Carb-Snacks finden Sie im letzten Kapitel dieses Buches.

Bei unseren Rezepten ist der Kohlenhydrat-
gehalt in Gramm angegeben. So kann die
Summe der Kohlenhydrate pro Tag ganz
einfach geplant werden. In der Übersicht ist
außerdem angegeben, wie viele Portionen
ein Rezept ergibt.

MORGENS

Mit dem Frühstück sollten die meisten Kohlenhydrate aufgenommen werden. Denn nach
der nächtlichen Ruhephase benötigt der
Körper Energie. Empfehlenswert ist eine
Portion gute Kohlenhydrate, die etwa in
einem Smoothie, Quark oder Joghurt mit
Beeren, Obst, Nüssen und Samen, Low-
Carb-Müsli oder Low-Carb-Brot enthalten
ist. Da Obst am schnellsten verdaut wird,
sollte es zuerst gegessen werden, um nicht
über den langsamer verdaulichen Nahrungsmitteln vor sich hin zu gären. Die Menge
an komplexen Kohlenhydraten sollte beim
Frühstück zwischen 40 und 70 Gramm liegen.

MITTAGS

Gemüse sollte auf jeden Fall als große
Portion in das Mittagsgericht integriert
werden. Auch verschiedene Salatvariationen
eignen sich hervorragend als Zufuhr
an guten Kohlenhydraten. Bohnen, Linsen
und Erbsen, aber auch Quinoa und Low-
Carb-Nudeln können in geringen Mengen
die Mittagsmahlzeit mit komplexen Kohlenhydraten und wichtigen Nährstoffen be-
reichern. Obst sollte vorwiegend nur in der
ersten Tageshälfte gegessen werden und
weniger sein als der Gemüseanteil pro Tag.
Die Anzahl der Kohlenhydrate, die mittags
verzehrt werden kann, liegt zwischen
40 und 50 Gramm.

ABENDS

Zum Ende des Tages kommt der Körper
in der Regel zur Ruhe und er benötigt nur
noch wenig Energie in Form von Kohlenhydraten. Daher sollten auch nur wenige
Kohlenhydrate gegessen werden. Salate
und Gemüse mit einer guten Portion Eiweiß
sind ideal. Gesunde Eiweißlieferanten sind
Eier, Nüsse, Samen und auch Pilze. Wer tie-
rische Eiweiße zum Abendbrot wählt, kann
auf Fisch, Meeresfrüchte, Käse und Fleisch
zurückgreifen. Fleisch sollte allerdings nicht
zu spät gegessen werden, da der Körper
mehrere Stunden benötigt, um es zu ver-
dauen. Fisch hingegen ist leichter verdaulich
und hat etwa innerhalb einer Stunde das
Verdauungssystem passiert. Die empfohlene
Kohlenhydratzufuhr am Abend beträgt maxi-
mal 30 Gramm.

Low-Carb-Tauschbörse

ISS NICHT DIES	ISS DAS
Nudeln aus Weizen oder Hartweizengrieß	Gemüse-, Konjak- oder Low-Carb-Nudeln, Vollkornnudeln in kleinen Mengen
weißen Reis	Blumenkohlreis, Konjak-Reis, Vollkornreis in kleinen Mengen
Kartoffeln	Gemüse
frittierte Pommes	ofengebackene Pommes aus Süßkartoffel oder Zucchini
Brot & Brötchen	Low-Carb-Brot und -Brötchen
Burgerbrötchen	Oopsies
Pizza	Pizza aus Blumenkohl oder Low-Carb-Mehl, Low-Carb-Pizza
Weißmehl	Nuss-, Leinsamen-, Kokos-, Hanf-, Chia-, Sesam-, Sojamehl, Vollkorngetreide
Wraps	Salatblätter, Spinat-Wraps, Omelette
Fisch & Fleisch paniert	Fisch und Fleisch ohne Panade
Nuggets und andere geklebte Fisch- und Fleischstücke	Fisch und Fleisch aus einem Stück geschnitten — am besten in Bio-Qualität
Fertiggerichte, Back- und Saucenmischungen	frische Gerichte
Milch	»Milch« auf pflanzlicher Basis wie Mandeldrink, Sojadrink, Haferdrink und Kokosmilch
Fertigmüsli & Cornflakes	selbst gemachtes Müsli
Softdrinks & Limos	Wasser mit frischen Früchten
Säfte	Schorlen mit Direktsaft, Tee

ISS NICHT DIES	ISS DAS
fertig gekauftes Eis	selbst gemachtes Eis aus Früchten
Bonbons & Gummibärchen	tiefgekühlte Beeren und Trockenfrüchte
Müsliriegel	Low-Carb-Riegel
Kuchen & Kekse	Kuchen und Kekse aus Low-Carb-Mehlen und Nüssen
Schokolade	Kakao-Nibs, dunkle Schokolade mit hohem Kakaoanteil
Pralinen & Konfekt	selbst gemachte Pralinen aus Datteln und Nüssen
Latte macchiato	Kaffee schwarz ohne Milch
Zucker	Kokosblütenzucker, Honig, Agavendicksaft, Xucker

ÖFTER MAL ROH

Es hat viele Vorteile Nahrungsmittel roh zu essen und nicht zu kochen, zu braten oder zu backen. Die Wirkstoffe bleiben allesamt erhalten und stehen unserem Körper in ihrer natürlichen Form zur Verfügung.

Die wichtigsten Wirkstoffgruppen in Gemüse, Salaten und Obst sind Vitamine, Mineralstoffe, sekundäre Pflanzenstoffe und Ballaststoffe. Auch Enzyme sind in Rohkost enthalten. Enzyme, Mineralien und Vitamine benötigt unser Körper für alle Stoffwechselvorgänge in seinen Zellen. Sekundäre Pflanzenstoffe und Ballaststoffe fördern eine gute Verdauung.

Blattsalate, Gemüse und Früchte roh zu verzehren ist also sehr empfehlenswert. Je mehr unterschiedliche pflanzliche Lebensmittel verzehrt werden, desto größer ist die Vielfalt der aufgenommenen Stoffe.

Grundausstattung to go

Entscheidend für köstliche Gerichte zum Mitnehmen sind auch immer die richtigen Gefäße für den Transport. Gläser in verschiedenen Größen mit Schraubdeckeln (Twist-off-Gläser) oder Schnappverschluss sind ideal, um Gerichte gut mitnehmen zu können. Bunt gefüllte Gläser sehen nicht nur optisch klasse aus, sie lassen sich vor allem luftdicht und auslaufsicher verschließen. Glas nimmt keine Gerüche an und kann auch problemlos mit heißen Flüssigkeiten befüllt werden. Auch runde und eckige Klickdosen aus Glas kommen bei uns zum Einsatz.

AUSLAUFTEST MACHEN

Wer Gläser nicht extra kaufen möchte, kann auch handelsübliche Lebensmittelgläser verwenden, etwa Joghurt-, Konfitüre- oder Apfelmusgläser. Praktisch sind Gläser mit einer weiten Öffnung, durch die sich die Zutaten für die Gerichte später leicht einfüllen lassen.

In jedem Fall sollte man im Vorfeld testen, ob das Glas auslaufsicher ist. Dazu das Glas einfach mit Wasser befüllen, verschließen und mehrere Minuten auf den Kopf stellen. Außerdem sollte der Deckel beim Transport in einer Tasche nicht zu leicht aufgehen. Hat das Glas den Test bestanden, kommt es für ein paar Stunden, am besten über Nacht, in ein Wasserbad — so löst sich das Etikett ganz einfach ab.

SAUBER UND SICHER

Vor dem Gebrauch sollten Gläser sterilisiert werden. Dazu stellt man sie gewaschen ohne Deckel für etwa 10 Minuten bei 180 °C in den Ofen, schaltet den Ofen ab und lässt die Gläser im geschlossenen Ofen abkühlen. Eine weitere Variante: Die Gläser waschen, 10 Minuten in einem großen Topf auskochen und anschließend auf einem Küchentuch auskühlen lassen. Dann sind die Gläser einsatzbereit. Wichtig ist das Sterilisieren bei Gläsern, in denen Konfitüre oder Aufstriche länger im Kühlschrank stehen sollen. Werden die Gerichte zeitnah gegessen, reicht es die Gläser vor dem Benutzen zu spülen — am besten in der Spülmaschine.

ALTERNATIVEN ZU GLAS

Das Mitnehmen von Gläsern ist leider nicht überall erlaubt, in vielen Schulen und Kindergärten ist es zum Beispiel aus Sicherheitsgründen verboten. Dann empfiehlt sich die Anschaffung eines Gefäßes oder einer Box aus schadstofffreiem Material. Als Alternative gibt es Dosen, die glasklar, bruchsicher, geruchsneutral und frei von gesundheitsschädlichem Bisphenol A (BPA) sind. Von der Verwendung von Aluminiumfolie zum Verpacken raten wir ausdrücklich ab, da die Folie Aluminium in bedenklicher Höhe an das Essen abgeben kann — vor allem säurehaltige Lebensmittel lösen das Aluminium rasch aus der Folie.

Icons im Buch

Auf jeder Rezeptseite sind verschiedene Icons integriert. Diese Icons zeigen auf den ersten Blick, welche Utensilien und Geräte zum Mitnehmen und später für die Zubereitung in der Arbeit benötigt werden.

	Dosen: am besten aus Glas		Herd: Kochtopf oder Pfanne
	Wasserkocher		Besteck: aus Metall, Holz oder auch Stäbchen
	Gläser: groß und klein		Backofen

WARME SPEISEN bringen Abwechslung in die Pause. Einige Low-Carb-Gerichte können nach Belieben warm oder kalt gegessen werden. Wir bevorzugen zum Erwärmen den Backofen oder die Herdplatte. Alternativ kann auch die Mikrowelle verwendet werden.

Die ZUBEREITUNGSZEIT ist unterteilt in die Zeit, die zu Hause für das Vorbereiten plus Backen, Einweichen etc. benötigt wird, und die Zeit, die später bei der Arbeit zum Fertigstellen des Gerichtes anfällt.

NÄHRWERTANGABEN pro Portion sind ebenfalls tabellarisch aufgeführt. Die Abkürzungen haben folgende Bedeutung: kcal = Kalorien, E = Eiweiß, KH = Kohlenhydrate, F = Fett. Alle Nährwertangaben beziehen sich immer auf eine Portion des Gerichts und sind auf- bzw. abgerundet.

Zutaten auswählen und vorbereiten

Hochwertige Lebensmittel garantieren erstklassigen Genuss. Schon beim Einkauf sollten Sie daher auf sehr gute Qualität und Frische achten. Wir verarbeiten bevorzugt Lebensmittel aus Bio-Landwirtschaft.

BLATTSALATE
sollten Sie nach dem Waschen stets gut abtropfen lassen oder idealerweise mit der Salatschleuder trocknen, dann bleiben die Blätter lange frisch und knackig.

BOHNEN, ERBSEN
und andere Lebensmittel aus Dosen müssen stets abgespült werden und gut in einem Sieb abtropfen.

EIGELB ODER EIWEISS,
das nicht verwendet wurde, kann man für andere Gerichte wie Omelette, Eierkuchen oder Low-Carb-Gebäck verwenden.

GURKENKERNE
geben Wasser ab und werden daher vor dem Mitnehmen entfernt. Die Kerne können Sie als Smoothie-Zutat verwenden.

KRÄUTER
bleiben frischer und aromatischer, wenn sie erst vor dem Verzehr gehackt werden.

MILCH UND JOGHURT
sind bei uns meist pflanzliche Alternativen: Mandeldrink, Sojadrink oder Kokosmilch und ungesüßter Sojajoghurt natur.

ÖL
sollte erst zum Verzehr zu dem Gericht gegeben werden, da besonders Salatblätter schnell matschig werden und nicht mehr appetitlich aussehen.

QUARK
Wir verwenden für unsere Low-Carb-Rezepte stets Speisequark mit 40 Prozent Fett in der Trockenmasse, da er etwas weniger Kohlenhydrate enthält als Quark mit weniger Fett. Im Handel finden Sie ihn manchmal auch unter der Bezeichnung Sahne- oder Rahmquark.

SALZ
entzieht Lebensmitteln Wasser und sollte daher erst kurz vor dem Verzehr ans Essen. Wir verwenden bevorzugt Meersalz.

SPROSSEN
sollten Sie immer gut abspülen und im Sieb oder auf Küchenpapier abtropfen lassen.

SÜSSUNGSMITTEL
aus natürlichen Rohstoffen verwenden wir bevorzugt. Dazu zählen Agavendicksaft, Kokosblütenzucker, Honig und Datteln. Wer beim Süßen ganz auf Kohlenhydrate verzichten möchte, nimmt stattdessen Xucker, einen natürlichen Zuckerersatz auf Basis von Xylit.

ZITRONEN- UND LIMETTENSAFT
verwenden wir immer frisch gepresst — dafür haben wir immer ein paar Früchte auf Lager.

Das richtige Schichten im Glas

Damit das Essen bis zur Mittagspause frisch und knackig bleibt, empfiehlt es sich, eine gewisse Reihenfolge einzuhalten: Schwere Zutaten, etwa Bohnen oder Kohl, kommen zuerst in das Glas. So werden die leichteren Zutaten nicht zerdrückt. Auch Saft abgebende Früchte, wie Möhren oder Orangen, und Zutaten, die mit etwas Flüssigkeit zubereitet wurden, zum Beispiel Quinoa mit Saft, sollten Sie zuerst ins Glas geben – so bleibt die Flüssigkeit unten und läuft nicht durch alle Zutaten. Danach kommen Gemüse, Obst und Salat an die Reihe. Es folgen Fleisch, Fisch oder Käse. Die oberste Schicht besteht aus dem Topping wie Nüssen, Kernen, Superfoods oder Sprossen und bildet den Abschluss des Gerichts im Glas. Das Glas sollte sich gut verschließen lassen und auslaufsicher sein.

REIHENFOLGE IM GLAS

①   Quinoa, Nudeln, Bohnen
②   Gemüse
③   Obst
④   Salat
⑤   Käse, Fleisch, Fisch
⑥   Sprossen
⑦   Nüsse, Kerne

FRÜHSTÜCK

Mandeldrink

selbst gemacht

150 g Mandeln
½ TL Zitronensaft
Mark von 1 Vanilleschote
Salz

Die Mandeln waschen und anschließend in eine Schüssel geben. Die Mandeln vollständig mit Wasser bedecken und den Zitronensaft dazugeben. Zugedeckt mindestens 8 Stunden einweichen, am besten über Nacht.

Die Mandeln in ein Sieb abgießen und nochmals waschen. Dann die Mandeln mit Vanillemark, 1 Prise Salz und 400 ml Wasser im Mixer 1 Minute pürieren, bis eine fein-cremige Flüssigkeit entstanden ist.

Ein großes Sieb auf eine Schüssel setzen und mit einem Mulltuch auslegen. Die Mandelflüssigkeit portionsweise durch das Tuch gießen. Zum Schluss die im Tuch verbliebene Mandelmasse mit den Händen gut ausdrücken, dazu die Tuchecken über der Masse zusammenfassen und fest eindrehen.

Den Mandeldrink in eine Glasflasche füllen und diese verschließen, im Kühlschrank ist der Drink 2–3 Tage haltbar. Vor der Verwendung in der Flasche gut schütteln, da sich an der Oberfläche nach einiger Zeit eine Fettschicht absetzt.

UNSER TIPP — Aus dem übrig gebliebenen Mandelmus kann man Mandelmehl selbst herstellen. Dazu das Mandelmus auf einem mit Backpapier ausgelegten Backblech verteilen und im Backofen bei etwa 80 °C Ober-/Unterhitze trocknen lassen. Dann im Mixer fein mahlen. Das Mehl anschließend im Kühlschrank aufbewahren.

Zuhause	Arbeit	Portionen	kcal	E	KH	F
20 Min. + 8 Std.	0 Min.	350 ml	26	1 g	1 g	2 g

Schokoladen-Smoothie
mit Avocado

½ Avocado
200 ml Mandeldrink (s. S. 22
oder Fertigprodukt)
30 g Bananenfruchtfleisch, nach
Belieben gefroren
2 EL rohes Kakaopulver
2 TL Agavendicksaft
Kakao-Nibs (nach Belieben)

Die Avocado falls nötig entkernen. Fruchtfleisch aus der Schale lösen und mit Mandeldrink, Banane, Kakao und Dicksaft im Mixer fein pürieren. Bei Bedarf noch etwas Wasser untermixen, bis die gewünschte Konsistenz erreicht ist. Smoothie in ein Glas füllen und dieses verschließen. Bis zum Verzehr kalt stellen.

IN DER ARBEIT — Den Smoothie nach Belieben mit Kakao-Nibs garnieren.

Zuhause	Arbeit	Portionen	kcal	E	KH	F
5 Min.	1 Min.	1	317	7 g	14 g	20 g

Erdbeer-Chia-Smoothie

mit Mandeldrink

75 g Erdbeeren
1 EL Joghurt
160 ml Mandeldrink (s. S. 22 oder Fertigprodukt)
Erdbeerscheiben für die Deko (nach Belieben)
1 EL Chiasamen

Erdbeeren waschen und entkelchen. Mit Joghurt und Mandeldrink im Mixer fein pürieren. Smoothie und nach Belieben Erdbeeren für die Deko in ein Glas füllen und dieses verschließen. Smoothie bis zum Verzehr kalt stellen. Chiasamen in ein zweites Glas füllen.

IN DER ARBEIT — Chiasamen zum Smoothie geben und diesen gut schütteln. Smoothie sofort trinken, da die quellenden Chiasamen die Konsistenz stark verändern.

Zuhause	Arbeit	Portionen	kcal	E	KH	F
5 Min.	1 Min.	1	107	4 g	6 g	6 g

Gurken-Shake

mit Dill

150 g Gurke
4 Stängel Dill
½ kleiner Apfel
100 ml Buttermilch
100 ml Sojadrink
Salz, Pfeffer

Die Gurke waschen und in grobe Stücke schneiden. Den Dill waschen. Den Apfel waschen und in grobe Stücke schneiden, dabei das Kerngehäuse entfernen. Vorbereitete Zutaten mit Buttermilch, Sojadrink und je 1 Prise Salz und Pfeffer im Mixer fein pürieren. Den Gurken-Shake in eine Glasflasche füllen und diese verschließen. Den Shake bis zum Verzehr kalt stellen.

IN DER ARBEIT — Den Shake in ein Trinkglas umfüllen.

Zuhause	Arbeit	Portionen	kcal	E	KH	F
5 Min.	0 Min.	1	135	8 g	16 g	4 g

Orangen-Shake

mit Buttermilch

1 Orange
1 Banane
130 ml Buttermilch
85 ml Mandeldrink (s. S. 22 oder Fertigprodukt)

Die Orange schälen und filetieren. Die Banane schälen und in grobe Stücke schneiden. Buttermilch, Mandeldrink, Orangenfilets und Bananenstücke in einen Mixer geben und fein pürieren. Den Orangen-Shake in eine Glasflasche füllen und diese verschließen. Den Shake bis zum Verzehr kalt stellen.

IN DER ARBEIT — Den Shake in ein Trinkglas umfüllen.

Zuhause	Arbeit	Portionen	kcal	E	KH	F
5 Min.	0 Min.	1	173	7 g	28 g	3 g

Mango-Lassi

mit Vanille

½ Mango
Mark von ½ Vanilleschote
75 g Joghurt
150 ml Mandeldrink (s. S. 22
oder Fertigprodukt)
1 EL Zitronensaft

Die Mango schälen. Das Fruchtfleisch vom Stein schneiden und mit Vanillemark, Joghurt, Mandeldrink und Zitronensaft in einen Mixbecher geben. Alles mit dem Stabmixer fein pürieren. Den Mango-Lassi in eine Glasflasche füllen und diese verschließen. Bis zum Verzehr kalt stellen.

IN DER ARBEIT — Den Lassi in ein Trinkglas umfüllen.

Zuhause	Arbeit	Portionen	kcal	E	KH	F
5 Min.	0 Min.	1	136	5 g	15 g	4 g

Mandarinen-Zitrus-Limo

erfrischend fruchtig

3 Mandarinen
1 Orange
1 EL Zitronensaft

Die Mandarinen halbieren und auspressen. Die Orange schälen und filetieren. Orangenfruchtfleisch, Mandarinen- und Zitronensaft mit 200 ml Wasser in einen Mixbecher geben und mit dem Stabmixer fein pürieren. In ein Twist-off-Glas füllen und dieses verschließen.

UNSER TIPP — Je nach Jahreszeit als kaltes Erfrischungsgetränk oder Heißgetränk genießen.

Zuhause	Arbeit	Portionen	kcal	E	KH	F
5 Min.	0 Min.	1	80	1 g	16 g	0 g

Kokos-Bowl
im Piña-Colada-Style

FÜR DEN SMOOTHIE
100 g Ananas
50 ml Kokosmilch (aus der Dose)
4 EL Joghurt
Agavendicksaft (nach Belieben)

FÜR DAS TOPPING
2 Himbeeren
1 EL Heidelbeeren
1 EL Ananasstücke
2 Scheiben Kiwi
2 kleine Stücke Mango-
fruchtfleisch
1 TL Chiasamen
1 TL Kokosraspel
2 EL gemahlene Mandeln
essbare Blüten (nach Belieben;
z. B. Stiefmütterchen)

Für den Smoothie die Ananas schälen, vom harten Strunk befreien und in Stückchen schneiden. Ananasstücke mit Kokosmilch und Joghurt im Mixer zu einem feinen Smoothie pürieren. Den Smoothie nach Belieben mit Agavendicksaft süßen und nochmals kurz durchmixen.

Den Smoothie zum Entfernen der Ananasfasern durch ein Sieb in eine auslaufsichere Dose gießen und diese verschließen. Den Smoothie bis zum Verzehr kalt stellen.

Für das Topping Himbeeren und Heidelbeeren waschen und abtropfen lassen. Alle Früchte für das Topping in eine Dose füllen, Chiasamen, Mandeln und Kokosraspel in eine weitere Dose geben. Die essbaren Blüten nach Belieben einpacken.

IN DER ARBEIT — Den Smoothie in eine Schüssel gießen und mit den Toppingzutaten dekorieren.

Zuhause	Arbeit	Portionen	kcal	E	KH	F
10 Min.	5 Min.	1	415	12 g	25 g	27 g

Grüne Smoothie-Bowl

mit Gojibeeren

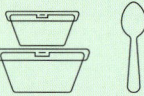

FÜR DEN SMOOTHIE
50 g Blattspinat
½ Avocado
35 g Bananenfruchtfleisch,
gefroren

FÜR DAS TOPPING
1 TL Gojibeeren
1 TL Heidelbeeren
1 kleines Stück Avocado-
fruchtfleisch
1 kleines Stück Bananen-
fruchtfleisch
2 Blattspinatblätter
(nach Belieben)
½ TL weiße Sesamsamen

Für den Smoothie den Spinat waschen und verlesen, die groben Stiele entfernen. Aus der Avocadohälfte falls nötig den Kern entfernen. Das Fruchtfleisch mit einem Löffel aus der Schale lösen.

Spinat, Avocado, Banane und 100 ml Wasser im Mixer zu einem feinen Smoothie pürieren. Den Smoothie in eine auslaufsichere Dose füllen und diese verschließen. Bis zum Verzehr kalt stellen.

Für das Topping die Gojibeeren hacken. Die Heidel-beeren waschen und trocken tupfen. Alle Topping-zutaten in eine separate Dose füllen.

IN DER ARBEIT — Den Smoothie in eine Schüssel füllen und mit den Zutaten für das Topping belegen.

UNSER TIPP — Besonders dekorativ sieht es aus, wenn Sie aus dem Avocado- sowie Bananenfruchtfleisch und nach Belieben aus den Spinatblättern Sterne oder andere Formen ausstechen.

Zuhause	Arbeit	Portionen	kcal	E	KH	F
10 Min.	2 Min.	1	175	3 g	13 g	11 g

Chia-Pudding-Bowl
mit Früchten

FÜR DEN PUDDING
20 g Chiasamen
100 ml Kokosmilch (aus der Dose)

FÜR DAS TOPPING
2 EL Himbeeren
2 EL Heidelbeeren
1 Kiwi
3 Süßkirschen
¼ Kaki
1 EL Mangostücke

Für den Pudding die Chiasamen mit der Kokosmilch in einer Schüssel verrühren und quellen lassen, bis die übrigen Zutaten vorbereitet sind.

Für das Topping Him- und Heidelbeeren waschen und abtropfen lassen. Die Kiwi schälen und in Scheiben schneiden. Die Kirschen waschen, halbieren und entsteinen. Die Kaki schälen und in Scheiben schneiden, nach Belieben Sterne ausstechen.

Den Chia-Pudding in eine auslaufsichere Dose füllen und diese verschließen. Die Früchte für das Topping in eine separate Dose füllen. Pudding und Früchte bis zum Verzehr kalt stellen.

IN DER ARBEIT — Den Chia-Pudding in eine Schüssel füllen und die Früchte als Topping drumherum anrichten.

Zuhause	Arbeit	Portionen	kcal	E	KH	F
15 Min.	1 Min.	1	385	7 g	22 g	26 g

Schoko-Chia-Bowl

mit Früchten

FÜR DEN SMOOTHIE
½ Avocado
20 g Bananenfruchtfleisch,
gefroren
2 EL rohes Kakaopulver
1 EL Chiasamen
1–2 TL Agavendicksaft
100 ml Mandeldrink (s. S. 22
oder Fertigprodukt)

FÜR DAS TOPPING
¼ Orange
1 EL Heidelbeeren
1 EL Himbeeren
1 EL Granatapfelkerne
Minze- oder Melisseblättchen
(nach Belieben)

Aus der Avocadohälfte falls nötig den Kern entfernen. Das Fruchtfleisch mit einem Löffel aus der Schale lösen.

Das Avocadofruchtfleisch mit Banane, Kakaopulver, Chiasamen, Agavendicksaft sowie Mandeldrink in den Mixer geben und alles zu einem feinen Smoothie pürieren. Bei Bedarf noch etwas Wasser untermixen, bis die gewünschte Konsistenz erreicht ist. Den Smoothie in eine auslaufsichere Dose füllen und diese verschließen. Bis zum Verzehr kalt stellen.

Für das Topping die Orange schälen und filetieren. Die Heidel- und Himbeeren waschen und abtropfen lassen. Orangenfilets, Heidelbeeren und Himbeeren mit den Granatapfelkernen und nach Belieben den Minze- oder Melisseblättchen in eine zweite Dose füllen.

IN DER ARBEIT — Die Schoko-Chia-Bowl in eine Schüssel füllen und mit dem Topping belegen. Nach Belieben mit Minze- oder Melisseblättchen dekorieren.

Zuhause	Arbeit	Portionen	kcal	E	KH	F
5 Min.	2 Min.	1	445	12 g	19 g	34 g

Papaya-Birnen-Quark
mit Kürbiskernen

150g Quark (40% Fett i. Tr.)
1 EL Dinkelflocken
1 EL gehackte Minzeblätter
75g Papayafruchtfleisch
¼ Birne, gewaschen
1 Handvoll Weintrauben
(nach Belieben rot oder weiß)
1 EL Kürbiskerne
1 Zweig Minze (nach Belieben)

Quark, Dinkelflocken und gehackte Minze in einer Schüssel verrühren. Das Papayafruchtfleisch in mundgerechte Würfel schneiden. Die Birne entkernen und in Würfel schneiden. Die Weintrauben waschen und quer halbieren. Die Kürbiskerne grob hacken.

Die Quarkmischung bis auf 1 EL für die Deko in ein Glas füllen. Papaya, Birne und Weintrauben daraufschichten. Die übrige Quarkmischung als Klecks daraufgeben und mit den Kürbiskernen bestreuen. Nach Belieben mit dem Minzezweig dekorieren. Das Glas verschließen und den Papaya-Birnen-Quark bis zum Verzehr kalt stellen.

Zuhause	Arbeit	Portionen	kcal	E	KH	F
5 Min.	0 Min.	1	385	22 g	28 g	22 g

Limetten-Mandarinen-Quark

mit Superfoods

FÜR DEN QUARK
1 Bio-Limette (plus nach
Belieben 1 Limettenscheibe
für die Deko)
1 Mandarine
250 g Quark (40 % Fett i. Tr.)
1 Spritzer Agavendicksaft

FÜR DAS CHIA-GEL
1 TL gemahlene getrocknete
Löwenzahnblätter (z. B. aus
dem Bioladen)
1 EL Chiasamen
1 TL Minzeblätter, gehackt
1–2 TL Agavendicksaft

**FÜR DAS SUPERFOOD-
TOPPING**
½ TL Sonnenblumenkerne
½ TL Gojibeeren
½ TL Kürbiskerne
½ TL Kakao-Nibs
½ TL Hanfsamen
½ TL Pistazienkerne

Für den Quark die Limette gut waschen und trocken
reiben, die Schale abreiben. Dann die Limette halbieren
und den Saft auspressen. Die Mandarine ebenfalls
halbieren und den Saft auspressen.

Für das Chia-Gel 100 ml Wasser mit 2 TL ausgepresstem
Limettensaft und Löwenzahn in einer Schüssel verrühren.
Die Chiasamen unterrühren und die Mischung mindestens 10 Minuten quellen lassen. Minze und Agavendicksaft unterrühren.

Den Quark in einer Schüssel mit dem restlichen Limettensaft und dem Mandarinensaft verrühren. Abgeriebene
Limettenschale und Agavendicksaft unterrühren.

Für das Superfood-Topping alle Zutaten grob hacken
und vermischen. Das Chia-Gel in ein Glas geben,
den Quark und nach Belieben 1 Limettenscheibe als
Deko daraufgeben und mit den gehackten Superfoods
abschließen. Das Glas verschließen und den Limetten-
Mandarinen-Quark bis zum Verzehr kalt stellen.

Zuhause	Arbeit	Portionen	kcal	E	KH	F
20 Min.	0 Min.	1	550	34 g	26 g	37 g

Chia-Pudding mit Beerenpüree

und Granatapfelkernen

---

1 EL Chiasamen
150 g gemischte Beeren
(frisch oder TK)
200 g Joghurt
1 EL Xucker
1 EL Granatapfelkerne

Die Chiasamen in einer Schüssel mit 125 ml Wasser verrühren und mindestens 10 Minuten quellen lassen. Frische Beeren waschen und abtropfen lassen. Die Beeren in einem hohen Mixbecher mit dem Stabmixer fein pürieren (TK-Beeren müssen nicht auftauen).

Den Joghurt mit dem Xucker verrühren. Die Joghurtmischung gut mit dem Chia-Gel verrühren.

Den Chia-Pudding in ein Glas füllen. Das Beerenpüree daraufgeben und mit den Granatapfelkernen bestreuen. Das Glas verschließen und den Chia-Pudding bis zum Verzehr kalt stellen.

Zuhause	Arbeit	Portionen	kcal	E	KH	F
15 Min.	0 Min.	1	260	12 g	18 g	9 g

Quarkmüsli

mit Melone

1 EL Haferflocken
100 g Joghurt
100 g Quark (40 % Fett i. Tr.)
1 TL Cashewkerne
½ kleiner Apfel
1 Orange
60 g Galia-Melone
1 EL Leinsamen

Die Haferflocken in einer Schüssel mit 2 EL Wasser verrühren und 5–10 Minuten quellen lassen, dann überschüssiges Wasser abgießen. Joghurt und Quark unter die Haferflocken rühren. Die Cashewkerne grob hacken.

Den Apfel waschen und in mundgerechte Stücke schneiden, dabei das Kerngehäuse entfernen. Die Orange so großzügig schälen, dass auch die weiße Haut mit entfernt wird. Die Fruchtfilets zwischen den weißen Trennwänden herausschneiden und anschließend in kleine Stücke schneiden. Das Melonenfruchtfleisch erst aus der Schale und dann in mundgerechte Würfel schneiden. Alle Obststücke in einer Schüssel mit den Leinsamen und den Cashewkernen vermischen.

Die Quark-Joghurt-Mischung in ein verschließbares Glas füllen und das Obst darauf verteilen. Das Glas verschließen und das Müsli bis zum Verzehr kalt stellen.

Zuhause	Arbeit	Portionen	kcal	E	KH	F
10 Min.	0 Min.	1	345	20 g	23 g	19 g

Schokopudding

extra cremig

1 Avocado
15 g rohes Kakaopulver
2 Datteln, entsteint
80 ml Mandeldrink (s. S. 22 oder Fertigprodukt)

Die Avocado halbieren und den Kern entfernen. Das Fruchtfleisch mit einem Löffel aus der Schale lösen und mit Kakaopulver, Datteln und Mandeldrink in einen hohen Mixbecher geben.

Die Puddingzutaten mit dem Stabmixer fein und cremig pürieren. Den Pudding in ein Glas füllen und dieses verschließen. Den Pudding bis zum Verzehr kalt stellen.

Zuhause	Arbeit	Portionen	kcal	E	KH	F
5 Min.	0 Min.	1	314	6 g	9 g	28 g

Erdbeer-Bowl
mit Avocado

1 Avocado
1 TL Limettensaft
2 TL Chiasamen
60 g Erdbeeren, gewaschen
und entkelcht
80 g Joghurt
30 g Mangofruchtfleisch

Avocado halbieren, entkernen. Eine Hälfte schälen, in Streifen schneiden und mit Limettensaft beträufeln. Avocadostreifen, Chiasamen und 1 Erdbeere in Dosen füllen. Aus der übrigen Avocado das Fruchtfleisch herauslösen und mit übrigen Erdbeeren, Joghurt und Mango im Mixer fein pürieren. In einer Dose kalt stellen.

IN DER ARBEIT — Bowl in eine Schüssel füllen und mit Avocado, Erdbeeren und Chiasamen belegen.

Zuhause	Arbeit	Portionen	kcal	E	KH	F
5 Min.	1 Min.	1	405	8 g	10 g	35 g

Chia-Muntermacher

mit Kurkuma

2 EL Chiasamen (plus etwas
mehr für die Deko)
100 ml Sojadrink
50 g Quark (40 % Fett i. Tr.;
plus 1 EL für die Deko)
1 TL gemahlene Kurkuma
1 EL Zitronensaft
1 Spritzer Agavendicksaft
½ Kiwi

Die Chiasamen mit dem Sojadrink in einer Schüssel
verrühren und mindestens 10 Minuten quellen lassen.
Quark, Kurkuma, Zitronen- und Agavendicksaft untermischen. Die Kiwi schälen und in Scheiben schneiden. Den
Chia-Pudding in ein Glas füllen, dabei nach Belieben
1 ganze Kiwischeibe mit hineingeben. Mit 1 EL Quark
und ein paar Chiasamen dekorieren. Übrige Kiwischei-
ben halbieren und hineinstecken. Das Glas verschließen
und den Muntermacher bis zum Verzehr kalt stellen.

Zuhause	Arbeit	Portionen	kcal	E	KH	F
15 Min.	0 Min.	1	415	16 g	13 g	27 g

Kokosmüsli

knusprig

100 g Kokosraspel
30 g Sonnenblumenkerne
50 g gehackte Mandeln
25 g gehackte Walnüsse
25 g Kokosmehl
2 Eiweiß (Größe M)
1 EL Eiweißpulver (Kokos)
1 TL Xucker

Backofen auf 125 °C Umluft vorheizen, ein Backblech mit Backpapier auslegen. Alle Zutaten mit 4 TL Wasser mischen. Mischung auf dem Backpapier verteilen und im Ofen auf der mittleren Schiene 20–30 Minuten goldgelb backen, dabei zwei- bis dreimal durchmischen. Auskühlen lassen und in einem luftdichten Glas lagern.

UNSER TIPP — Das Kokosmüsli schmeckt super mit Mandeldrink (s. S. 22).

Zuhause	Arbeit	Portionen	kcal	E	KH	F
40 Min.	0 Min.	6	240	8 g	5 g	20 g

Vitalmüsli

nussig & kernig

15 g Kokosöl
20 g Honig
20 g gehobelte Mandeln
25 g Haferflocken
10 g Kokosmehl
10 g gemahlene Mandeln
½ TL gemahlene Vanille
(oder Mark von ½ Vanilleschote)
Salz

Backofen auf 160 °C Umluft vorheizen, ein Backblech mit Backpapier auslegen. Öl mit Honig in einem Topf bei schwacher Hitze zerlassen. Gehobelte Mandeln zerbröckeln und mit Haferflocken, Kokosmehl, gemahlenen Mandeln, Vanille, 1 Prise Salz und Ölmasse mischen. Müsli auf dem Blech im Ofen auf der mittleren Schiene 10 Minuten backen. Temperatur auf 120 °C reduzieren, Müsli durchrühren und 5–10 Minuten goldbraun backen. Auskühlen lassen und in einem luftdichten Glas lagern.

Zuhause	Arbeit	Portionen	kcal	E	KH	F
20 Min.	0 Min.	3	170	4 g	11 g	12 g

BROT UND

AUFSTRICHE

Heidelbeer-Vanille-Aufstrich
fruchtig und köstlich

75g Heidelbeeren
(frisch oder TK)
2 EL Chiasamen
1 TL gemahlene Vanille
2 EL Agavendicksaft

Frische Heidelbeeren waschen und abtropfen lassen. Die Beeren in einem Mixbecher mit dem Stabmixer fein pürieren (TK-Beeren können unaufgetaut püriert werden). Chiasamen, Vanille und Agavendicksaft mit einem Löffel unterrühren. Den Aufstrich mindestens 30 Minuten quellen lassen. In ein Glas füllen und dieses verschließen. Im Kühlschrank aufbewahrt ist der Aufstrich etwa 1 Woche haltbar.

Zuhause	Arbeit	Portionen	kcal	E	KH	F
5 + 30 Min.	0 Min.	5	40	1 g	5 g	1 g

Himbeer-Chia-Aufstrich

bringt den Sommer auf den Tisch

75g Himbeeren
(frisch oder TK)
2 EL Chiasamen
1 EL Agavendicksaft

Frische Himbeeren waschen und abtropfen lassen. Die Beeren in einem Mixbecher mit dem Stabmixer fein pürieren (TK-Beeren können unaufgetaut püriert werden). Chia und Dicksaft mit einem Löffel unterrühren. Den Aufstrich mindestens 30 Minuten quellen lassen. In ein Glas füllen und dieses verschließen. Im Kühlschrank aufbewahrt ist der Aufstrich etwa 1 Woche haltbar.

UNSER TIPP — Aufstrich über Nacht quellen lassen!

Zuhause	Arbeit	Portionen	kcal	E	KH	F
5 + 30 Min.	0 Min.	5	30	1 g	3 g	1 g

Cashewbutter

die Alternative zur Butter

100 g Cashewkerne
1 EL Sonnenblumenöl

Die Cashewkerne in einer Pfanne ohne Öl unter Wenden leicht anrösten.

Die gerösteten Cashewkerne mit dem Öl in einen Mixbecher geben und mit dem Stabmixer so fein wie möglich pürieren.

Die Cashewbutter in ein Glas füllen und dieses verschließen. Im Kühlschrank aufbewahrt ist die Cashewbutter mindestens 4 Wochen haltbar.

Zuhause	Arbeit	Portionen	kcal	E	KH	F
5 Min.	0 Min.	5	135	3 g	6 g	10 g

Cashew-Zitrus-Creme

pikant und würzig

40 g Cashewkerne
1–2 Stängel Petersilie (nach
Belieben krause oder glatte)
3 Minzeblätter
30 ml Olivenöl
1 EL Orangensaft
1 TL Zitronensaft
1 TL Agavendicksaft
1 TL abgeriebene
Bio-Zitronenschale
Salz, Pfeffer

Die Cashewkerne mit 200 ml Wasser sowie 1 Prise Salz in eine Schüssel geben und mindestens 1 Stunde einweichen. Dann die Cashewkerne in ein Sieb abgießen, abbrausen und abtropfen lassen.

Petersilie und Minze waschen und trocken schütteln. Cashewkerne und Kräuter in einen Mixbecher geben. Öl, Orangen- und Zitronensaft, Agavendicksaft, Zitronenschale und 80 ml Wasser sowie je 1 Prise Salz und Pfeffer hinzufügen. Die Zutaten mit dem Stabmixer fein pürieren.

Die Cashew-Zitrus-Creme in ein Glas füllen und dieses verschließen. Im Kühlschrank aufbewahrt ist die Creme mehrere Tage haltbar.

Zuhause	Arbeit	Portionen	kcal	E	KH	F
5 + 60 Min.	0 Min.	5	100	1 g	3 g	9 g

Gurken-Radieschen-Quark

mit Rote-Bete-Sprossen

4 Radieschen
80 g Salatgurke
2 Stängel glatte Petersilie
1 EL Rote-Bete-Sprossen
100 g Quark (40 % Fett i. Tr.)
Salz, Pfeffer

Die Radieschen waschen, putzen und in kleine Stücke schneiden. Die Gurke schälen und in kleine Würfel schneiden. Die Petersilie waschen und trocken schütteln, die Blätter abzupfen und fein hacken. Die Rote-Bete-Sprossen in einem Sieb gut mit kaltem Wasser abbrausen und abtropfen lassen.

Den Quark in einer Schüssel mit Gurke, Radieschen und Petersilie verrühren und mit Salz sowie Pfeffer abschmecken. Den Gurken-Radieschen-Quark in ein Glas füllen. Die Sprossen entweder direkt daraufgeben oder extra verpacken. Das Glas verschließen und den Quark bis zum Verzehr kalt stellen.

IN DER ARBEIT — Den Quark durchrühren und Low-Carb-Brötchen (Rezept s. S. 77) oder Ähnliches damit bestreichen. Falls die Sprossen separat mitgenommen wurden, diese auf dem Quark verteilen.

Zuhause	Arbeit	Portionen	kcal	E	KH	F
5 Min.	1 Min.	1	170	13 g	6 g	12 g

Dreierlei Dips

für jede Brotpause

ROTE-BETE-DIP

30 g frische Rote Bete
80 g Frischkäse (Doppel-
rahmstufe)
1 Schuss Zitronensaft
Xucker, Salz, Pfeffer

Die Rote Bete schälen, in Stücke schneiden und in einem Mixbecher mit dem Stabmixer pürieren. Frischkäse, Zitronensaft und 1 Prise Xucker unter das Püree rühren. Das Püree mit Salz und Pfeffer abschmecken und zum Mitnehmen in ein Glas füllen.

Zuhause	Arbeit	Portionen	kcal	E	KH	F
5 Min.	0 Min.	4	235	6 g	15 g	20 g

THUNFISCHDIP

25 g Thunfisch (aus der Dose)
½ Schalotte
1 TL Kapern (aus dem Glas)
65 g Frischkäse (Doppel-
rahmstufe)
1 TL Zitronensaft
Salz, Pfeffer

Den Thunfisch abtropfen lassen und mit Küchenpapier ausdrücken. Die Schalotte schälen und fein würfeln. Thunfisch und Schalotte in einem Mixbecher mit dem Stabmixer stückig pürieren. Die Kapern hacken. Das Thunfischpüree mit Frischkäse, Kapern und Zitronensaft verrühren. Den Dip mit Salz und Pfeffer abschmecken und zum Mitnehmen in ein Glas füllen.

Zuhause	Arbeit	Portionen	kcal	E	KH	F
5 Min.	0 Min.	4	200	11 g	2 g	16 g

TOMATENDIP

30 g getrocknete Tomaten (in Öl)
60 g Frischkäse (Doppel-
rahmstufe)
1 Schuss Limettensaft
Salz, Pfeffer

Die Tomaten abtropfen lassen, in Stücke schneiden und in einem Mixbecher mit dem Stabmixer stückig pürieren. Frischkäse und Limettensaft unter das Püree rühren. Den Dip mit Salz und Pfeffer abschmecken und zum Mitnehmen in ein Glas füllen.

Zuhause	Arbeit	Portionen	kcal	E	KH	F
5 Min.	0 Min.	4	220	6 g	7 g	18 g

Ziegenfrischkäsetaler

mediterraner Art

2 Zweige Rosmarin
1 Zweig Thymian
5 getrocknete Tomaten (in Öl)
100 ml Olivenöl
1 TL getrocknetes Basilikum
2 Ziegenfrischkäsetaler (à 20 g)

Rosmarin und Thymian waschen und trocken schütteln. Die Nadeln bzw. Blätter von den Stielen zupfen und grob hacken. Die getrockneten Tomaten in kleine Stücke schneiden.

Das Öl mit Rosmarin, Thymian, Tomaten und Basilikum in ein Glas geben und die Ziegenfrischkäsetaler hineinlegen.

Das Glas verschließen und die eingelegten Käsetaler bis zum Verzehr kalt stellen. Im Kühlschrank aufbewahrt sind die Taler bis zu etwa 4 Wochen haltbar, vorausgesetzt sie sind immer gut von Öl bedeckt.

UNSER TIPP — Die Ziegenfrischkäsetaler am besten über Nacht durchziehen lassen.

Zuhause	Arbeit	Portionen	kcal	E	KH	F
5 Min.	0 Min.	2	140	5 g	4 g	11 g

Hüttenbaguette

kernig und vital

35 g gemahlene Mandeln
25 g gemahlene Haselnüsse
30 g Flohsamenschalen
10 g Kokosmehl
10 g Weinsteinbackpulver
3 Eier (Größe M)
125 g Hüttenkäse (körniger Frischkäse)
1 EL Apfelessig (15 ml)
Salz
1 Msp. gemahlener Koriander
30 g geschälte Hanfsamen
30 g Chiasamen
15 g Sonnenblumenkerne
10 g Kürbiskerne

Den Backofen auf 180 °C Umluft vorheizen. Ein Backblech mit Backpapier auslegen.

Mandeln, Haselnüsse, Flohsamenschalen, Kokosmehl und Backpulver in einer Schüssel vermischen. Die Eier in einer zweiten Schüssel verquirlen und Hüttenkäse, Essig, ½ TL Salz sowie Koriander unterrühren. Die Nuss-Mehl-Mischung hinzufügen und alles gut verrühren.

Hanf- und Chiasamen sowie Sonnenblumen- und Kürbiskerne zur Teigmischung geben und unterrühren. Den Teig als länglichen Strang auf das Backpapier legen und zu einem Baguette formen.

Den Teig an der Oberfläche mit einem Messer mehrmals einschneiden. Baguette im Ofen auf der mittleren Schiene 30—40 Minuten knusprig und goldbraun backen. Vom Blech nehmen und auf einem Kuchengitter abkühlen lassen. Zum Mitnehmen nach Belieben unbelegt oder belegt in eine Dose packen.

UNSER TIPP — Aus dem Teig können auch vier leckere Low-Carb-Hüttenbrötchen hergestellt werden. Lediglich die Backzeit verkürzt sich dann auf 25—30 Minuten.

Zuhause	Arbeit	Portionen	kcal	E	KH	F
10 + 40 Min.	0 Min.	4	305	18 g	8 g	20 g

Oopsies

eine originelle Portion Proteine

---

3 Eier (Größe M)
100 g Frischkäse (Dopppel-
rahmstufe)
Salz

Den Backofen auf 190 °C Umluft vorheizen. Zwei Backbleche mit Backpapier auslegen.

Die Eier trennen. Die Eiweiße in einer Schüssel mit den
Quirlen des Handrührgeräts steif schlagen. In einer
zweiten Schüssel Frischkäse und Eigelbe verrühren und
die Masse mit etwas Salz würzen. Zum Schluss den
Eischnee vorsichtig mit dem Schneebesen oder Teig-
spatel von Hand unterheben.

Aus dem Teig sofort mithilfe einer Schöpfkelle jeweils
vier Teigkleckse auf ein Backblech setzen – dabei die
Teigkleckse nicht zu dicht setzen, da die Oopsies sonst
zusammenlaufen.

Die Oopsies im Ofen auf der unteren und mittleren
Schiene etwa 15–20 Minuten backen. Vom Blech nehmen und auf einem Kuchengitter abkühlen lassen.
Zum Mitnehmen nach Belieben unbelegt oder belegt
in eine Dose packen.

UNSER TIPP — Oopsies können beliebig belegt und
auch als Burgerbrötchen verwendet werden.

Zuhause	Arbeit	Portionen	kcal	E	KH	F
10 + 20 Min.	0 Min.	8	65	3 g	1 g	5 g

Nussbrot

das Power-Brot

4 Eier (Größe M)
175 g Quark (40 % Fett i. Tr.)
25 g Cashewkerne
25 g Pekannüsse
10 g Flohsamenschalen
½ TL gemahlener Koriander
Salz
50 g Hanfmehl
35 g Leinsamenmehl
10 g geschälte Hanfsamen
10 g Leinsamen

Den Backofen auf 180 °C Ober-/Unterhitze vorheizen. Ein Backblech mit Backpapier auslegen.

Die Eier trennen. Die Eiweiße in einer Schüssel mit den Quirlen des Handrührgeräts steif schlagen. Die Eigelbe in einer zweiten Schüssel mit dem Quark verrühren.

Cashewkerne und Pekannüsse grob hacken. Flohsamenschalen, Koriander, 1 TL Salz, Hanf- und Leinsamenmehl vermischen. Die Mischung unter die Quarkmasse rühren. Cashew- und Pekannussstücke zur Quarkmasse geben und alles zu einem Teig verkneten. Zuletzt die Eiweißmasse unterheben.

Den Teig etwa 5 Minuten ruhen lassen, dann auf dem Backpapier zu einem Brotlaib formen. Mit einem Messer die Oberseite einritzen und das Brot im Ofen auf der mittleren Schiene 50—60 Minuten backen. Das Brot vom Blech nehmen und auf einem Kuchengitter abkühlen lassen. In einer Dose aufbewahren.

UNSER TIPP — Praktisch zum Mitnehmen ist es, wenn man aus dem Teig zwei kleinere Brote herstellt. Die Backzeit verkürzt sich dann auf 35—45 Minuten.

Zuhause	Arbeit	Portionen	kcal	E	KH	F
15 + 60 Min.	0 Min.	8	160	10 g	3 g	11 g

Dinkel-Hanf-Brot

mit Sonnenblumenkernen

1 Pck. Trockenhefe (oder
½ Würfel Hefe)
1 EL Agavendicksaft
Salz
250 g Dinkelvollkornmehl
225 g Dinkelmehl (Type 1050)
25 g Leinsamenmehl
3 EL Sonnenblumenkerne
2 EL Leinsamen
2 EL geschälte Hanfsamen
1 EL Chiasamen

Die Hefe in etwa 50 ml lauwarmem Wasser auflösen und den Agavendicksaft hinzufügen. 1 EL Salz mit allen Mehlsorten, Sonnenblumenkernen, Lein-, Hanf- und Chiasamen in einer großen Schüssel vermischen.

Die Hefeflüssigkeit sowie nach und nach 250–300 ml lauwarmes Wasser dazugeben und alles 5–10 Minuten gut verkneten, bis ein elastischer Teig entstanden ist. Sollte der Teig zu klebrig sein, noch etwas Mehl unterkneten. Den Teig zugedeckt an einem warmen Platz etwa 1 Stunde gehen lassen, bis er sein Volumen etwa verdoppelt hat.

Den Backofen auf 220 °C Ober-/Unterhitze vorheizen. Eine Kastenform mit Backpapier auslegen. Den Brotteig nochmals gut durchkneten, zu einem Laib formen und diesen in die Form legen. Das Brot im Ofen auf der mittleren Schiene zunächst etwa 15 Minuten backen. Dann die Ofentemperatur auf 165 °C reduzieren und das Brot in weiteren 15–20 Minuten fertig backen.

Die Form aus dem Ofen nehmen und das Brot darin etwa 10 Minuten abkühlen lassen, dann aus der Form lösen und auf einem Kuchengitter abkühlen lassen. In einer Dose aufbewahren.

Zuhause	Arbeit	Portionen	kcal	E	KH	F
15 + 95 Min.	0 Min.	16	130	6 g	21 g	2 g

BROT UND AUFSTRICHE

Walnussbrot

mit knackfrischen Nüssen

6 Walnüsse
30 g weiche Butter
2 Eier (Größe M)
3 EL Joghurt
ca. 1 TL Agavendicksaft
Salz
2 EL Walnussmehl
200 g gemahlene Mandeln
½ TL Natron
2 EL weiße Sesamsamen

Den Backofen auf 180 °C Umluft vorheizen. Ein Backblech mit Backpapier auslegen.

Die Walnüsse knacken, die Kerne aus den Schalen lösen und grob hacken. Die Butter in einer Schüssel mit den Quirlen des Handrührgeräts schaumig schlagen, dann die Eier dazugeben und alles gut verrühren. Joghurt, Agavendicksaft und 1 Prise Salz unter die Butter-Eier-Masse rühren.

Walnussmehl, Mandeln und Natron in einer zweiten Schüssel vermischen. Die Nussmischung zur Eimischung geben und alles zu einem Teig verrühren. Zuletzt die gehackten Walnüsse untermischen.

Den Teig auf dem Backpapier zu einem runden Laib formen bzw. drücken. Den Laib mit Sesam bestreuen und diesen leicht andrücken. Das Walnussbrot im Ofen auf der mittleren Schiene zunächst 30 Minuten backen, dann die Ofentemperatur auf 160 °C reduzieren und das Brot in weiteren 10—15 Minuten fertig backen.

Die Brot vom Blech nehmen und auf einem Kuchengitter abkühlen lassen. In einer Dose aufbewahren.

Zuhause	Arbeit	Portionen	kcal	E	KH	F
15 + 45 Min.	0 Min.	10	200	8 g	2 g	17 g

Buttermilchbrötchen

liebevoll selbst gemacht

250 ml Buttermilch
½ Würfel Hefe (21 g)
350 g Dinkelmehl (Type 1050)
1 TL Honig oder etwas Xucker
Salz

Die Buttermilch lauwarm erwärmen, die Hefe darin auflösen. Mit Mehl, Honig und 1 TL Salz verkneten. Teig zugedeckt an einem warmen Platz etwa 30 Minuten gehen
lassen. Durchkneten und mit etwas Mehl sechs Brötchen
daraus formen. Backblech mit Backpapier auslegen,
Brötchen darauf 15 Minuten gehen lassen. Backofen
auf 220 °C Ober-/Unterhitze vorheizen. Brötchen im
Ofen auf der mittleren Schiene 15–20 Minuten backen.
Abkühlen lassen und in einer Dose mitnehmen.

Zuhause	Arbeit	Portionen	kcal	E	KH	F
25 + 65 Min.	0 Min.	6	220	9 g	41 g	1 g

Low-Carb-Brötchen

mit Sonnenblumenkernen

50 g Leinsamenmehl
15 g Kokosmehl
10 g Walnussmehl
15 g Flohsamenschalen
1 TL Weinsteinbackpulver
1 TL Salz
1 TL getrockneter Oregano
30 g Sonnenblumenkerne
5 g Chiasamen, 1 Eiweiß

Alle Zutaten bis auf das Eiweiß in einer großen Schüssel mischen. 130 ml kochend heißes Wasser mit einer Gabel unterrühren, dann alles mit den Händen verkneten. Eiweiß steif schlagen, dazugeben und alles zu einem homogenen Teig verkneten. Backblech mit Backpapier auslegen. Teig zu drei Brötchen formen, diese auf dem Blech 10 Minuten ruhen lassen. Backofen auf 160 °C Umluft vorheizen. Brötchen im Ofen auf der mittleren Schiene etwa 30 Minuten backen. Abkühlen lassen und in einer Dose mitnehmen.

Zuhause	Arbeit	Portionen	kcal	E	KH	F
30 + 30 Min.	0 Min.	3	180	11 g	6 g	8 g

Fitnessbaguette

mit feiner Fenchel-Anis-Kümmel-Note

1 Beutel Fenchel-Anis-
Kümmel-Tee
30 g Leinsamenmehl
30 g Mandelmehl
40 g Kokosmehl
15 g gemahlene Flohsamenschalen
Salz
15 g Weinsteinbackpulver
2 Eier (Größe M)
150 g Quark (40 % Fett i. Tr.)
1 TL Apfelessig

Den Teebeutel in einer Tasse mit kochend heißem Wasser aufgießen und 10 Minuten ziehen lassen.

Zuerst Leinsamenmehl, Mandelmehl, Kokosmehl und Flohsamenschalen in einer Schüssel vermischen, dann ½ TL Salz und Backpulver untermengen. In einer zweiten Schüssel Eier, Quark und Essig verrühren. 20 ml heißen Tee und die Eier-Quark-Mischung zu den trockenen Zutaten geben und alles zu einem Teig verkneten.

Ein Backblech mit Backpapier auslegen. Den Teig zu einem Laib formen, diesen auf das Backpapier legen und an der Oberfläche mit einem Messer mehrmals schräg einschneiden. Den Teig 30 Minuten gehen lassen.

Inzwischen den Backofen auf 180 °C Umluft vorheizen. Das Brot im Ofen auf der mittleren Schiene 40–50 Minuten goldbraun backen. Vom Blech nehmen und auf einem Kuchengitter abkühlen lassen. Das Baguette bis zum Verzehr in einer Dose aufbewahren.

Zuhause	Arbeit	Portionen	kcal	E	KH	F
15 + 80 Min.	0 Min.	4	195	15 g	8 g	10 g

VEGETARISCH

Apfel-Möhren-Salat

mit Kresse

FÜR DEN SALAT
1 Möhre
2 TL Zitronensaft
1 TL Olivenöl
1 kleiner Apfel
½ Romanasalat
1 EL Gartenkresseblättchen

FÜR DAS DRESSING
3 EL Olivenöl
2 EL Zitronensaft
1 EL Orangensaft
1 TL Gartenkresseblättchen
Salz, Pfeffer

Für den Salat die Möhre schälen, klein raspeln und mit etwa 1 TL Zitronensaft und dem Öl beträufeln. Den Apfel waschen, trocken reiben, vierteln, entkernen und in mundgerechte Würfel schneiden. Die Apfelwürfel mit dem restlichen Zitronensaft beträufeln. Den Salat in die einzelnen Blätter teilen. Die Blätter waschen, abtropfen lassen und klein zupfen.

Möhrenraspel, Apfelwürfel und Salatstücke nacheinander in ein hohes Glas schichten und mit den Kresseblättchen abschließen. Das Glas verschließen.

Für das Dressing alle Zutaten in ein kleines verschließbares Glas geben. Das Glas verschließen und kräftig schütteln, sodass sich die Zutaten zu einem einheitlichen Dressing verbinden. Den Salat und das Dressing bis zum Verzehr kalt stellen.

IN DER ARBEIT — Das Dressing im verschlossenen Glas noch einmal gut schütteln, dann zum Salat geben.

Zuhause	Arbeit	Portionen	kcal	E	KH	F
10 Min.	1 Min.	1	380	2 g	17 g	32 g

Möhren-Gurken-Nudeln

mit Limettendressing

FÜR DEN SALAT
1 Möhre
½ Salatgurke
½ Romanasalat
1 Frühlingszwiebel
¼ rote Chilischote
1 EL weiße Sesamsamen
Salz, Pfeffer

FÜR DAS DRESSING
Saft von ½ Limette
2 ½ EL Olivenöl
1 EL Sesamöl
1 TL Agavendicksaft
Salz

Für den Salat Möhre und Gurke schälen und mit dem Spiralschneider in lange Gemüsenudeln schneiden. Den Salat in die einzelnen Blätter teilen. Die Blätter waschen, abtropfen lassen und in dünne Streifen schneiden. Die Frühlingszwiebel waschen und ohne den Wurzelansatz in dünne Ringe schneiden. Die Chilischote waschen und in dünne Ringe schneiden. Die Sesamsamen in einer Pfanne ohne Fett anrösten, bis sie aromatisch duften.

Die vorbereiteten Zutaten in einer Salatschüssel vorsichtig mischen. Den Salat mit Salz und Pfeffer würzen, in ein hohes Glas füllen und dieses verschließen.

Für das Dressing Limettensaft, Oliven- und Sesamöl, Agavendicksaft und ½ TL Salz gut verrühren. Das Dressing in ein kleines Glas füllen und dieses verschließen. Salat und Dressing bis zum Verzehr kalt stellen.

IN DER ARBEIT — Das Dressing zum Salat geben, das Glas verschließen und schütteln. Den Salat dann direkt aus dem Glas verzehren oder auf einen Teller stürzen.

Zuhause	Arbeit	Portionen	kcal	E	KH	F
10 Min.	1 Min.	1	169	4 g	15 g	11 g

VEGETARISCH

Kürbissalat

mit Basilikum-Kürbis-Dressing

300 g Butternusskürbis
1 Scheibe Ingwer
2 Stängel Basilikum
1 TL Erdnussöl
Salz, Pfeffer
2 EL Rote-Bete-Sprossen
10 Mini-Mozzarellakugeln
2–3 Kopfsalatblätter
2 EL Granatapfelkerne

Den Backofen auf 180 °C Ober-/Unterhitze vorheizen. Ein Backblech mit Backpapier auslegen. Den Butternusskürbis schälen, entkernen und klein würfeln. Die Kürbiswürfel auf dem Backpapier verteilen und im Ofen auf der mittleren Schiene etwa 15 Minuten garen, bis sie weich, aber noch nicht matschig sind. Dann den Kürbis aus dem Ofen nehmen und abkühlen lassen.

Für das Dressing etwa 65 g gegarten Kürbis in einen Mixbecher geben. Den Ingwer schälen. Das Basilikum waschen und die Blätter abzupfen. Ingwer, Basilikum, Öl und 75 ml Wasser zum Kürbis in den Becher geben und alles mit dem Stabmixer fein pürieren. Das Dressing mit Salz und Pfeffer abschmecken und in ein kleines Glas füllen. Das Glas verschließen und das Dressing bis zum Verzehr kalt stellen.

Für den Salat die Kürbiswürfel auf zwei Gläser aufteilen. Die Sprossen in einem Sieb kurz kalt abbrausen, abtropfen lassen und auf den Kürbis geben. Die Mozzarellakugeln darauflegen. Die Salatblätter waschen, gut trocken tupfen und etwas kleiner zupfen. Salat auf die Mozzarellakugeln legen und mit Granatapfelkernen abschließen. Die Gläser verschließen und den Salat bis zum Verzehr kalt stellen.

IN DER ARBEIT — Den Salat auf einen Teller stürzen und das Dressing mit einem Löffel darüberträufeln. Oder das Dressing über den Salat in den Gläsern verteilen, und den Salat direkt aus den Gläsern essen.

Zuhause	Arbeit	Portionen	kcal	E	KH	F
30 Min.	1 Min.	2	185	8 g	18 g	9 g

Bunter Salat

mit Quinoa

FÜR DEN SALAT
1 Rotkohlblatt (ca. 20 g)
60 g orange Paprikaschote
40 g gelbe Paprikaschote
1 Salatblatt (z. B. Kopfsalat)
7 Kirschtomaten
1 TL Pinienkerne
30 g Quinoa
1 TL Orangensaft
Salz, Pfeffer

FÜR DAS DRESSING
2 EL Orangensaft
1 EL Zitronensaft
1–2 TL Agavendicksaft
(nach Belieben)

Rotkohl, Paprikaschoten, Salatblatt sowie Tomaten waschen und abtropfen lassen. Den Rotkohl in feine Streifen schneiden. Die Paprikas in kleine Stücke schneiden. Die Tomaten halbieren. Das Salatblatt in kleine Stücke zupfen oder schneiden. Die Pinienkerne in einer Pfanne ohne Fett goldbraun anrösten, aus der Pfanne nehmen und abkühlen lassen.

Die Quinoa in einem Sieb unter fließendem Wasser gründlich waschen. Dann in einem Topf mit Wasser bedecken und offen 8–10 Minuten gar köcheln lassen. Das Wasser abgießen, den Orangensaft unter die Quinoa im Topf rühren und alles kurz ziehen lassen. Die Orangen-Quinoa mit Salz und Pfeffer abschmecken und abkühlen lassen.

Für das Dressing Orangen- und Zitronensaft verrühren. Das Dressing nach Belieben mit etwas Agavendicksaft süßen, dann in ein kleines Glas füllen und dieses verschließen. Das Dressing bis zum Verzehr kalt stellen.

Die Quinoa in ein Glas geben. Tomaten, Paprikastücke, Rotkohl und Salat nacheinander darüber einschichten und mit den Pinienkernen abschließen. Das Glas verschließen und den Salat bis zum Verzehr kalt stellen.

IN DER ARBEIT — Das Dressing zum Salat geben und diesen direkt aus dem Glas essen. Oder den Salat zum Essen auf einen Teller füllen.

Zuhause	Arbeit	Portionen	kcal	E	KH	F
15 Min.	1 Min.	1	170	5 g	23 g	5 g

Paprika-Bohnen-Salat
mit Feta

50 g weiße Bohnen
(aus der Dose)
50 g Kidneybohnen
(aus der Dose)
1 kleines Stück orange Paprikaschote (ca. 25 g)
1 kleines Stück rote Paprikaschote (ca. 25 g)
2 gelbe Kirschtomaten
1 rote Kirschtomate
30 g Feta
1 Handvoll Blattsalatmischung
1 EL Mungobohnensprossen
Salz, Pfeffer (in verschließbaren
Streudosen)

Weiße Bohnen und Kidneybohnen jeweils in einem Sieb unter fließendem Wasser gut abbrausen und abtropfen lassen. Dann die weißen Bohnen und darauf die Kidneybohnen in ein Glas geben.

Die Paprikastücke waschen, trocken tupfen und in Streifen schneiden. Die Paprikastreifen auf die Bohnen schichten. Die Tomaten waschen, trocken tupfen, halbieren und ins Glas geben. Den Feta mit den Fingern zerbröseln und auf die Tomaten geben. Den Salat waschen, trocken schleudern und nach Belieben in mundgerechte Stücke zupfen. Den Salat ebenfalls ins Glas geben.

Die Sprossen in kochendem Wasser etwa 5 Sekunden blanchieren, in einem Sieb kalt abschrecken und abtropfen lassen. Dann die Sprossen auf dem Salat verteilen. Das Glas verschließen und den Salat bis zum Verzehr kalt stellen.

IN DER ARBEIT — Den Salat auf einen Teller stürzen und mit Salz und Pfeffer würzen. Oder den Salat direkt aus dem Glas essen.

Zuhause	Arbeit	Portionen	kcal	E	KH	F
10 Min.	1 Min.	1	190	14 g	14 g	7 g

Tomatensalat mit Hüttenkäse
und Basilikum

1 Bio-Zitrone
200 g Hüttenkäse (körniger Frischkäse)
Salz, Pfeffer
5 rote Kirschtomaten
5 gelbe Kirschtomaten
3 Radieschen
2 Stängel Basilikum
1 TL Olivenöl

Die Zitrone heiß waschen und trocken reiben, die Schale abreiben. Die Zitrone halbieren und den Saft auspressen. Den Hüttenkäse mit Salz und Pfeffer würzen und die Zitronenschale unterrühren.

Die Tomaten waschen, abtropfen lassen und jeweils halbieren. Die Radieschen waschen, putzen und in dünne Scheiben schneiden. Das Basilikum waschen und trocken schütteln, die Blätter abzupfen.

Basilikumblätter mit Öl, Pfeffer und 1–2 EL Zitronensaft in einem Mörser grob zu einem Dressing zerreiben. Das Dressing in eine Schüssel geben und die Tomaten sowie die Radieschen darin schwenken.

Den Hüttenkäse und Tomatensalat getrennt voneinander in zwei Dosen packen und diese verschließen. Beides bis zum Verzehr kalt stellen.

IN DER ARBEIT — Den Tomatensalat auf den Hüttenkäse geben und aus dem Behälter essen. Oder Käse und Salat zum Essen zusammen auf einem Teller anrichten.

Zuhause	Arbeit	Portionen	kcal	E	KH	F
10 Min.	1 Min.	1	270	26 g	9 g	14 g

Gurken-Power-Salat

mit Avocado

½ Salatgurke
2 Handvoll Blattsalat
1–2 Stängel Koriandergrün
1 EL Granatapfelkerne
1 Avocado
Saft von ½ Limette
2 EL Nuss-Kerne-Mischung
1 EL weiße Sesamsamen
Salz, Pfeffer (in verschließbaren Streudosen)

Die Gurke schälen und längs halbieren, die Kerne mit einem Löffel entfernen. Dann die Gurkenhälften jeweils nochmals längs halbieren und quer in Stücke schneiden. Den Salat waschen, trocken schleudern und in kleine Stücke zupfen. Den Koriander waschen und trocken schütteln, die Blätter abzupfen. Die vorbereiteten Zutaten mit den Granatapfelkernen in einer Dose mischen.

Die Avocado quer halbieren, entkernen und vorsichtig schälen. Das Fruchtfleisch quer in dünne Scheiben schneiden und sofort mit dem Limettensaft beträufeln, damit es sich nicht braun verfärbt. Die Avocadoscheiben separat in eine Dose füllen. Nuss-Kerne-Mischung und Sesamsamen zusammen in eine Dose füllen. Alle Dosen verschließen, Salatmischung und Avocado bis zum Verzehr kalt stellen.

IN DER ARBEIT — Gurken-Power auf zwei Teller verteilen und mit Salz und Pfeffer würzen. Avocado und Nussmischung dazugeben. Salat kann nach Belieben mit Limettensaft oder Olivenöl oder einem Dressing (zum Beispiel vom Apfel-Möhren-Salat, s. S. 83, oder von den Möhren-Gurken-Nudeln, s. S. 84) beträufelt werden.

Zuhause	Arbeit	Portionen	kcal	E	KH	F
10 Min.	2 Min.	2	330	6 g	5 g	32 g

Kimchi
koreanisch scharfer Chinakohl

300 g Chinakohl
½ Möhre
½ Frühlingszwiebel
Salz
2 Knoblauchzehen
2 EL Sojasauce
2 EL Chiliflocken

Den Chinakohl waschen und ohne den harten Strunk in etwa 2 x 2 cm große Würfel schneiden. Die Möhre schälen und in feine Stifte schneiden. Die Frühlingszwiebel waschen und ohne den Wurzelansatz und das dunkle Grün in feine Ringe schneiden. Die vorbereiteten Zutaten in eine Schüssel geben, mit 2 EL Salz bestreuen und 30 Minuten ziehen lassen. Das Gemüse in einem Sieb gut kalt abbrausen und abtropfen lassen. Dann mit den Händen überschüssiges Wasser aus dem Gemüse drücken und dieses in eine große Schüssel geben.

Die Knoblauchzehen schälen und mit der Knoblauchpresse in eine kleine Schüssel drücken. Sojasauce und Chiliflocken dazugeben und alles verrühren. Die Mischung zum Kohl geben und alles mit den Händen mehrere Minuten durchmischen und kneten.

Kimchi nach Belieben gleich verzehren oder in ein steriles, trockenes und gut verschließbares Glas füllen und im Kühlschrank reifen lassen. Das Glas nur zu drei Viertel mit Kimchi befüllen, um Platz für die Reifung zu lassen. Kimchi fällt nach und nach im Glas etwas in sich zusammen. Je länger Kimchi im Kühlschrank ziehen kann, desto aromatischer wird der Geschmack. Kimchi ist gekühlt mindestens 2 Wochen haltbar, meist jedoch noch viel länger.

UNSER TIPP — Wer mit Kimchi ein wenig experimentieren möchte, kann eine süße Komponente wie Apfel oder Birne in pürierter Form dazugeben.

Zuhause	Arbeit	Portionen	kcal	E	KH	F
45 Min.	0 Min.	4	40	2 g	5 g	1 g

VEGETARISCH

Belugalinsensalat

mit Feta

50 g Belugalinsen
1 Schalotte
60 g Brokkoli
65 g Fenchel
1 Frühlingszwiebel
1 EL Kokosöl
2 TL Tomatenmark
1 EL Apfelessig
abgeriebene Schale von
1 Bio-Zitrone
3 EL Sojasauce
1 Msp. gemahlener Sternanis
1 Msp. gemahlener Kreuz-
kümmel
Salz, Pfeffer
1 TL Gojibeeren
1 Pekannusshälfte
1 kleine getrocknete Tomate
30 g Feta
2 Stängel Koriandergrün

Die Belugalinsen in einer Schüssel mit Wasser bedecken und 12 Stunden einweichen, am besten über Nacht. Die Linsen in ein Sieb abgießen und mit Wasser abbrausen.

Die Schalotte schälen und klein würfeln. Den Brokkoli waschen, Stiele abschneiden. Den Fenchel waschen und in dünne Streifen schneiden. Die Frühlingszwiebel waschen und ohne Wurzelansatz in feine Ringe schneiden.

Das Öl in einem kleinen Topf erhitzen und die Schalotte darin anbraten. Die Linsen sowie das Tomatenmark hinzufügen und alles verrühren. Mit Essig und 50 ml Wasser ablöschen und etwa 15 Minuten köcheln lassen. Brokkoli, Fenchel und Frühlingszwiebel dazugeben und alles mit 50–100 ml Wasser auffüllen. Das Ganze etwa 10 Minuten weiterköcheln lassen, bis die Linsen bissfest sind.

Zitronenschale, Sojasauce, Sternanis, Kreuzkümmel sowie etwas Salz und Pfeffer unter die Linsen rühren. Gojibeeren, Pekannuss und getrocknete Tomate fein hacken und ebenfalls unterrühren. Den Topf von der Herdplatte nehmen und den Linsensalat abkühlen lassen. Dann in ein Glas füllen und dieses verschließen. Feta und Koriander separat in eine Dose packen und ebenso wie den Salat bis zum Verzehr kalt stellen.

IN DER ARBEIT — Salat nach Belieben in einem Topf erwärmen. Den Feta mit den Fingern über den Salat bröckeln. Den Koriander waschen und trocken tupfen, die Blätter abzupfen, grob hacken und zum Salat geben.

Zuhause	Arbeit	Portionen	kcal	E	KH	F
20 Min. + 12 Std.	5 Min.	2	225	12 g	17 g	11 g

Rote-Linsen-Salat

mit Harissa-Dressing

FÜR DEN SALAT
1 Schalotte
1 Knoblauchzehe
1 Stück Ingwer (1–2 cm)
1 EL Olivenöl
70 g rote Linsen
200 ml Gemüsefond (aus
dem Glas)
45 g Zucchini
50 g rote Paprikaschote
1 Zweig Rosmarin
Salz, Pfeffer
45 g Blattspinat

FÜR DAS DRESSING
3 EL Joghurt
½ TL Harissa-Paste
1 TL Zitronensaft
Salz, Pfeffer

FÜR DAS TOPPING
1 Zweig Minze
1 Stängel glatte Petersilie
15 g getrockneter Beerenmix
1 Zitronenspalte (nach Belieben)

Schalotte sowie Knoblauch schälen und fein würfeln. Den Ingwer schälen und reiben. Das Öl in einem kleinen Topf erhitzen und die Schalotte darin anschwitzen. Linsen, Ingwer und Knoblauch dazugeben. Den Gemüsefond angießen und alles ohne Deckel etwa 15 Minuten köcheln lassen, bis die Linsen bissfest sind.

Inzwischen Zucchini und Paprika waschen und klein würfeln. Den Rosmarin waschen und trocken schütteln, die Nadeln abzupfen und fein hacken. Zucchini und Paprika zu den Linsen geben und leicht mit erwärmen, bei Bedarf etwas Wasser dazugeben. Den Rosmarin hinzufügen und alles mit Salz und Pfeffer abschmecken. Den Linsensalat aus dem Topf nehmen, abkühlen lassen und in eine Dose füllen. Den Spinat waschen und verlesen, grobe Stielen entfernen. Die Blätter trocken schleudern, grob hacken und separat in einer Dose verpacken.

Für das Dressing den Joghurt mit Harissa, Zitronensaft sowie etwas Salz und Pfeffer verrühren. Das Dressing in ein Glas füllen und dieses verschließen. Die Toppingzutaten separat in eine Dose packen. Salat, Dressing und Toppingzutaten bis zum Verzehr kalt stellen.

IN DER ARBEIT — Den Spinat auf zwei Teller geben und den Linsensalat darauf verteilen. Wer möchte, erwärmt den Linsensalat zuvor leicht. Für das Topping Minze und Petersilie waschen und trocken schütteln. Die Blätter abzupfen, in Streifen schneiden und mit dem Beerenmix auf den Salat geben, nach Belieben mit 1 Spritzer Zitronensaft beträufeln. Das Dressing zum Salat geben.

Zuhause	Arbeit	Portionen	kcal	E	KH	F
30 Min.	5 Min.	2	195	9 g	23 g	7 g

VEGETARISCH

Grünkohl-Spinat-Salat
mit Orangendressing

FÜR DEN SALAT
20 g Quinoa
50 g Grünkohl
40 g Blattspinat
50 g Kichererbsen
(aus der Dose)
1 Knoblauchzehe
¼ rote Chilischote
20 g Walnusskerne
6 Physalis
1 EL Butter
1 TL Gojibeeren (ca. 5 g)
1 Stängel Koriandergrün

FÜR DAS DRESSING
2 EL Orangensaft
2 EL Zitronensaft
1 TL Agavendicksaft
Salz

Für den Salat Quinoa in einem Sieb unter fließendem Wasser gründlich waschen. In einem kleinen Topf mit Wasser bedecken und offen 5–8 Minuten bissfest köcheln. Inzwischen Grünkohl und Spinat waschen und abtropfen lassen. Grünkohlblätter vom harten Strunk trennen. Vom Spinat die groben Stiele entfernen, große Blätter etwas zerkleinern. Kichererbsen in einem Sieb gründlich abbrausen und abtropfen lassen. Knoblauch schälen und fein hacken. Chilischote waschen und in dünne Ringe schneiden. Walnüsse grob hacken. Physalis von den Hüllblättern befreien.

Für das Dressing Orangen-, Zitronen- und Agavendicksaft verrühren. Das Dressing mit Salz abschmecken. Gegarte Quinoa in ein Sieb abgießen. Butter in einer großen Pfanne erhitzen und Grünkohl darin anbraten und zusammenfallen lassen. Knoblauch und 1 EL Dressing dazugeben und kurz mit anbraten. Kichererbsen unterrühren und alles etwa 5 Minuten weiterbraten. Quinoa, Chilischote, Walnüsse, Gojibeeren, Physalis und Spinat unterrühren und alles etwa 5 Minuten braten. Koriander waschen und trocken schütteln, Blätter abzupfen und unter den Salat mischen.

Salat aus der Pfanne nehmen, in ein Glas füllen und abkühlen lassen. Übriges Dressing in ein kleines Glas füllen. Beide Gläser verschließen und kalt stellen.

IN DER ARBEIT — Den Salat direkt kalt oder nach Belieben etwas erwärmt genießen.

Zuhause	Arbeit	Portionen	kcal	E	KH	F
20 Min.	5 Min.	1	465	10 g	28 g	22 g

Paprika-Boote
mit Frischkäse

6—8 bunte Mini-Paprikaschoten
1 kleine Tomate
½ Möhre
1 Stück Ingwer (1—2 cm)
2—3 Stängel glatte Petersilie
150 g Frischkäse (Doppel-
rahmstufe)
Saft von ½ Limette
Salz, Pfeffer

Die Paprikaschoten längs halbieren, entkernen und waschen. Die Tomate waschen und in kleine Würfel schneiden, dabei den Stielansatz entfernen. Möhre und Ingwer schälen und fein raspeln. Die Petersilie waschen und trocken schütteln, die Blätter abzupfen und hacken.

Den Frischkäse mit Tomatenwürfeln, Möhren- und Ingwerraspeln sowie dem Limettensaft in einer Schüssel gut vermischen. Die Petersilie zur Frischkäsemischung geben, alles mit Salz sowie Pfeffer würzen und verrühren.

Die Paprikahälften und die Frischkäsemischung getrennt voneinander in Dosen füllen und diese verschließen. Beides bis zum Verzehr kalt stellen.

IN DER ARBEIT — Die Paprikahälften mit der Innenseite nach oben auf zwei Teller verteilen. Die Frischkäsemischung in die Paprikahälften füllen und nach Belieben mit extra gehackter Petersilie bestreuen.

Zuhause	Arbeit	Portionen	kcal	E	KH	F
15 Min.	2 Min.	2	230	7 g	8 g	19 g

Kichererbsennudelsalat

mit Gemüsemix

40 g Möhre
50 g gelbe Paprikaschote
50 g Erbsen (frisch gepalt
oder TK)
3 Stängel glatte Petersilie
50 g Kichererbsennudeln
(z.B. Kichererbsenspirelli,
aus dem Bioladen)
165 g Joghurt
abgeriebene Schale
von 1 Bio-Limette
Salz, Pfeffer

Die Möhre schälen und in kleine Stücke schneiden. Die Paprika waschen und in kleine Würfel schneiden. Tiefgekühlte Erbsen in einem Sieb auftauen und abtropfen lassen. Die Petersilie waschen und trocken schütteln, die Blätter abzupfen und hacken.

Die Kichererbsennudeln in reichlich kochendem Salzwasser 3 Minuten garen, dann Möhren und Erbsen dazugeben und etwa 3 Minuten mitkochen. Nudeln und Gemüse in ein Sieb abgießen, kalt abschrecken und abtropfen lassen.

Nudeln und Gemüse mit Joghurt, Limettenschale und Petersilie in einer Schüssel vermischen. Den Salat mit Salz und Pfeffer abschmecken, in eine Dose füllen und diese verschließen. Den Salat bis zum Verzehr kalt stellen.

UNSER TIPP — Die Zutaten im Nudelsalat können nach Wunsch beliebig variiert und ausgetauscht werden und ergeben so immer neue Kreationen. Lecker schmeckt der Nudelsalat zum Beispiel auch mit getrockneten Tomaten und Rucola oder aber mit gebratenen Hähnchenstreifen und Ananasstücken.

Zuhause	Arbeit	Portionen	kcal	E	KH	F
20 Min.	0 Min.	1	225	16 g	26 g	6 g

Zucchininudelsalat
mit gerösteten Pinienkernen

1 kleine Zucchini
6 Kirschtomaten
50 g gelbe Paprikaschote
50 g orange Paprikaschote
1 EL Walnusskerne
1 EL Pinienkerne
1 EL Zitronensaft
1 TL Leinsamen
Salz, Pfeffer

Zucchini, Kirschtomaten und Paprikaschoten waschen und abtropfen lassen, von der Zucchini die Enden abschneiden. Die Walnusskerne grob hacken und mit den Pinienkernen in einer Pfanne ohne Fett anrösten.

Die Zucchini mit dem Spiralschneider in dünne, lange Nudeln schneiden. Die Zucchininudeln in einer Schüssel mit Zitronensaft, Walnüssen, Pinienkernen und Leinsamen vermischen. Die Mischung mit Salz und Pfeffer würzen. Die Paprikaschoten in kleine Würfel schneiden. Die Tomaten halbieren.

Die Zucchininudeln in ein Glas geben. Nacheinander Paprikastücke und Tomaten daraufschichten. Das Glas verschließen und den Salat bis zum Verzehr kalt stellen.

UNSER TIPP — Zucchininudelsalat kann auch in der Pfanne erwärmt und warm gegessen werden. Zum Erwärmen einfach 1 EL Olivenöl zusammen mit dem Salat in die Pfanne geben.

Zuhause	Arbeit	Portionen	kcal	E	KH	F
10 Min.	0 Min.	1	180	7 g	13 g	11 g

Blumenkohl-Ei-Muffin

aus der Tasse

6 Eier (Größe M)
Salz, Pfeffer
200 g Blumenkohl

Den Backofen auf 220 °C Umluft vorheizen. Zwei ofenfeste Tassen mit Backpapier ausschlagen.

Die Eier verquirlen, dann mit Salz und Pfeffer würzen. Den Blumenkohl waschen und die Stiele abschneiden.

Die Blumenkohlröschen in die Tassen geben. Die Eier darübergießen und die Muffins im Ofen auf der mittleren Schiene 30 Minuten backen.

Die Tassen aus dem Ofen nehmen und die Muffins darin abkühlen lassen. Dann die Muffins in den Tassen in eine Dose packen und diese verschließen. Die Muffins bis zum Verzehr kalt stellen.

IN DER ARBEIT — Den Backofen auf 200 °C Umluft vorheizen. Die Blumenkohl-Ei-Muffins in den Tassen im Ofen 15 Minuten erwärmen.

UNSER TIPP — Das Gericht eignet sich auch prima als schnelle »Notlösung« — einfach Eier und Gemüse nach Belieben mit zur Arbeit nehmen und direkt vor Ort zubereiten. Toll schmeckt auch Spinat, Paprikaschote oder Champignon dazu.

Zuhause	Arbeit	Portionen	kcal	E	KH	F
10 + 30 Min.	15 Min.	2	275	22 g	5 g	16 g

Omelettröllchen

mit Frischkäsefüllung

½ Möhre

1 Tomate

2 Mini-Paprikaschoten

1 Stück Ingwer (1–2 cm)

½ rote Chilischote

280 g Frischkäse (Doppelrahmstufe)

Saft von 1 Limette

10 g Parmesan (am Stück)

Salz, Pfeffer

4 Eier (Größe M)

1 TL Olivenöl

Die Möhre schälen und fein raspeln. Die Tomate waschen und klein würfeln, dabei den Stielansatz entfernen. Die Paprikaschoten waschen. Eine Paprikaschote halbieren, entkernen und in kleine Würfel schneiden. Die zweite Paprikaschote in Ringe schneiden, dabei die Kerne entfernen. Den Ingwer schälen und fein hacken. Die Chilischote waschen und fein hacken.

Den Frischkäse mit Möhre, Tomate, Paprikawürfeln, Chili und Limettensaft vermischen. Den Ingwer dazugeben und den Parmesan hineinreiben. Die Frischkäsemischung mit Salz und Pfeffer würzen und nochmals verrühren.

Die Eier in einer Schüssel verquirlen und mit Salz und Pfeffer würzen. Die Hälfte des Öls in einer Pfanne erhitzen und die Hälfte der Eiermasse hineingießen, sodass der Pfannenboden davon bedeckt ist. Das Omelett bei mittlerer Hitze kurz stocken lassen, dann wenden und fertig braten. Das Omelett aus der Pfanne nehmen und auf ein Arbeitsbrett legen. Aus der restlichen Eiermasse auf die gleiche Weise ein Omelett braten, herausnehmen und auf das Arbeitsbrett legen.

Die Omeletts mit der Frischkäsemischung bestreichen, aufrollen und in eine Dose legen, diese verschließen. Die Paprikaringe ebenfalls in Dosen verpacken. Omeletts und Paprikaringe kalt stellen.

IN DER ARBEIT — Die Omeletts auf Teller legen und mit den Paprikaringen servieren. Nach Belieben noch mit Salat, Tomaten und Kräuterblättern dekorieren.

Zuhause	Arbeit	Portionen	kcal	E	KH	F
25 Min.	1 Min.	2	595	26 g	13 g	49 g

Zucchini-Lasagne
à la Low Carb

2 Eier (Größe M)
200 g Ricotta
60 g geriebener Parmesan
(plus etwas zum Bestreuen)
abgeriebene Schale von
1 Bio-Zitrone
Salz, Pfeffer
250 g stückige Tomaten
(aus der Dose)
1 TL getrockneter Thymian
1 TL getrocknetes Basilikum
1 Zucchini
200 g geriebener Gouda
gehackte Petersilie (nach
Belieben)

Den Backofen auf 200 °C Ober-/Unterhitze vorheizen. Die Eier in einer Schüssel verquirlen. Ricotta, Parmesan und Zitronenschale unterrühren. Die Ricottamasse mit Salz und Pfeffer würzen.

Die Tomatenstücke in einer Schüssel mit Thymian und Basilikum verrühren, die Tomatensauce mit Salz und Pfeffer abschmecken. Die Zucchini waschen, von den Enden befreien und mit dem Sparschäler längs in dünne Streifen hobeln.

Nun alle Zutaten abwechselnd in zwei kleine Auflaufformen (à etwa 20 x 10 cm) schichten. Dafür den Boden der Formen zuerst mit Zucchinistreifen belegen, etwas Ricottamasse daraufgeben, mit etwas Gouda bestreuen und etwas Tomatensauce darauf verteilen. Auf diese Weise nach und nach alle Zutaten einschichten, dabei mit einer Schicht Zucchini abschließen. Die Lasagne mit Parmesan bestreuen.

Die Zucchini-Lasagne im Ofen auf der mittleren Schiene etwa 30 Minuten goldbraun backen. Die Lasagne aus dem Ofen nehmen, in den Formen abkühlen lassen und in Dosen packen. Die Lasagne bis zum Verzehr kalt stellen. Nach Belieben gehackte Petersilie in eine Dose packen.

IN DER ARBEIT — Den Backofen auf 200 °C Ober-/Unterhitze vorheizen und die Zucchini-Lasagne etwa 15 Minuten erwärmen. Nach Belieben mit gehackter Petersilie bestreuen.

Zuhause	Arbeit	Portionen	kcal	E	KH	F
30 + 30 Min.	15 Min.	2	780	58 g	13 g	48 g

Gefüllte Champignons
mit Spinat und Frischkäse

400 g Champignons (möglichst nicht zu kleine Exemplare)
1 Schalotte
40 g Zucchini
30 g Blattspinat
1 Knoblauchzehe
1 EL Butter
70 g Frischkäse (Doppelrahmstufe)
Salz, Pfeffer
10 g geriebener Parmesan

Die Champignons mit einem Küchentuch abreiben und die Stiele herausdrehen. Von den Pilzstielen die trockenen Stielansätze abschneiden, dann alle Pilzstiele und 2 Pilzhüte klein hacken. Die Schalotte schälen und in feine Würfel schneiden. Die Zucchini waschen und in kleine Würfel schneiden. Den Spinat waschen und verlesen, grobe Stiele entfernen. Dann die Spinatblätter fein hacken. Den Knoblauch schälen.

Die Butter in einer Pfanne zerlassen und die Schalotte darin anbraten. Die gehackten Pilze und die Zucchini dazugeben. Den Knoblauch durch die Knoblauchpresse dazudrücken. Den Spinat hinzufügen und alles gut verrühren. Den Frischkäse dazugeben und schmelzen lassen. Die Masse mit Salz und Pfeffer abschmecken.

Den Backofen auf 200 °C Umluft vorheizen. Ein Backblech mit Backpapier auslegen. Die Pilzhüte kopfüber auf das Backpapier legen und die Frischkäsemasse hineinfüllen. Den Parmesan darüberstreuen. Die Pilze im Ofen auf der mittleren Schiene 15–20 Minuten backen. Aus dem Ofen nehmen und abkühlen lassen. Dann in eine Dose füllen und diese verschließen. Die gefüllten Champignons bis zum Verzehr kalt stellen.

IN DER ARBEIT — Den Backofen auf 200 °C Umluft vorheizen. Die gefüllten Champignons im Ofen etwa 15 Minuten erwärmen.

Zuhause	Arbeit	Portionen	kcal	E	KH	F
15 + 20 Min.	15 Min.	2	265	11 g	4 g	23 g

VEGETARISCH

Gegrillte Avocado mit Salat

und Limettendressing

FÜR DEN SALAT

30 g Blattsalatmischung
25 g Salatgurke
3 Kirschtomaten
Limettenscheiben (nach
Belieben)

FÜR DAS DRESSING

1 Bio-Limette
½ Frühlingszwiebel (nur der
obere grüne Teil)
2 Stängel Koriandergrün
80 g Joghurt
Salz, Pfeffer
Agavendicksaft (nach Belieben)

FÜR DIE AVOCADO

1 Avocado
½ EL Olivenöl
Salz, Pfeffer
Limettenspalten (nach Belieben)

Für den Salat die Blattsalatmischung waschen und trocken schleudern. Die Gurke schälen und in kleine Stücke schneiden. Die Tomaten waschen und abtropfen lassen. Die Salatzutaten in ein Glas füllen, nach Belieben Limettenscheiben dazugeben und das Glas verschließen.

Für das Dressing die Limette heiß waschen und trocken reiben, die Schale dünn abreiben. Dann die Limette halbieren und den Saft auspressen. Die Frühlingszwiebel waschen und hacken. Den Koriander waschen und trocken schütteln, die Blätter abzupfen und fein hacken. Den Joghurt in einer Schüssel mit 1 Schuss Limettensaft verrühren. Frühlingszwiebel, Koriander und Limettenschale dazugeben und alles gut verrühren. Das Dressing mit Salz und Pfeffer und nach Belieben mit Agavendicksaft abschmecken. Das Dressing in ein kleines Glas füllen und dieses verschließen.

Die Avocado längs halbieren und den Kern entfernen. Die Avocadohälften jeweils nochmals längs halbieren, sodass vier breite Spalten entstehen. Das Öl auf einem Teller mit etwas Salz und Pfeffer würzen und mit einer Gabel verrühren. Die Avocadostücke in der Ölmischung wenden. Eine Grillpfanne erhitzen und die Avocadospalten darin auf den Fruchtfleischseiten bei starker Hitze braten, bis sie Grillstreifen haben. Die Avocadospalten in eine Dose geben, nach Belieben extra Limettenspalten dazulegen. Salat, Dressing und Avocado bis zum Verzehr kalt stellen.

Zuhause	Arbeit	Portionen	kcal	E	KH	F
20 Min.	0 Min.	1	310	6 g	15 g	24 g

Kürbissuppe
mit aromatischem Kürbiskernöl

½ Hokkaidokürbis
200 g Knollensellerie
1 Schalotte
1 Stück Ingwer (1 cm)
40 g Butter
100 ml Orangensaft
1–2 EL Zitronensaft
Salz, Pfeffer
etwas Kürbiskernöl zum
Beträufeln

Die Kürbishälfte auf der Schalenseite gründlich mit warmem Wasser waschen und abtrocknen. Dann den Kürbis mit einem Löffel entkernen und in kleine Stücke schneiden. Den Sellerie schälen und in kleine Stücke schneiden. Die Schalotte schälen und ebenfalls in Stücke schneiden. Den Ingwer schälen.

Die Butter in einem großen Topf zerlassen und die Schalotte darin anschwitzen. Kürbis und Sellerie dazugeben und rundum leicht braun anbraten. Mit etwas Wasser ablöschen und nach und nach 750 ml Wasser angießen. Den Ingwer durch die Knoblauchpresse (oder fein gehackt) in den Topf geben und alles bei mittlerer Hitze 10–15 Minuten zugedeckt köcheln lassen, bis das Gemüse weich ist.

Den Topf von der Herdplatte nehmen und Suppe mit dem Stabmixer fein pürieren. Orangen- und Zitronensaft dazugeben und nochmals durchmixen. Die Suppe mit Salz und Pfeffer abschmecken, in ein großes Glas füllen und abkühlen lassen. Das Glas verschließen und die Suppe bis zum Verzehr kalt stellen.

IN DER ARBEIT — Die Suppe erwärmen, jedoch nicht kochen lassen. Dann in Schälchen füllen und mit Kürbiskernöl beträufeln.

UNSER TIPP — Auch gehackte Kürbiskerne sind ein tolles Topping für die Suppe.

Zuhause	Arbeit	Portionen	kcal	E	KH	F
30 Min.	10 Min.	4	190	3 g	18 g	12 g

VEGETARISCH

Gemüsenudelsuppe

mit frischer Petersilie

40g Zucchini
1 Rotkohlblatt (ca. 15g)
40g rote Paprikaschote
30g gelbe Paprikaschote
20g Kürbisfruchtfleisch
2 Stängel glatte Petersilie
Salz, Pfeffer (in verschließbaren Streudosen)

Die Zucchini waschen, trocken reiben und mit dem Spiralschneider in lange Nudeln schneiden. Den Rotkohl waschen und in feine Streifen schneiden. Die Paprika-schoten waschen und in dünne Streifen schneiden. Das Kürbisfruchtfleisch mit dem Sparschäler in dünne Streifen schneiden. Die Petersilie waschen und trocken schütteln, die Blätter abzupfen und grob hacken.

Nacheinander Rotkohl, Kürbis, Zucchini, rote und gelbe Paprika sowie abschließend Petersilie in ein Glas schichten und dieses verschließen. Die Gemüsemischung bis zum Verzehr kalt stellen.

IN DER ARBEIT — Das Glas mit kochendem Wasser auffüllen und verschlossen etwa 5 Minuten ziehen lassen. Die Suppe in einen tiefen Teller gießen und mit Salz und Pfeffer würzen.

Zuhause	Arbeit	Portionen	kcal	E	KH	F
10 Min.	6 Min.	1	45	2 g	8 g	2 g

Tomaten-Mozzarella-Spieße

mit Kräuterquark

FÜR DIE SPIESSE
5 Kirschtomaten
1 Mini-Gurke
¼ gelbe Paprikaschote
1 Stängel Basilikum
5 Mini-Mozzarellakugeln

FÜR DEN QUARK
4–5 Stängel frische Kräuter
(Sorte nach Belieben)
150 g Quark (40 % Fett i. Tr.)
Salz, Pfeffer

AUSSERDEM
5 kleine Holzspieße

Für die Spieße Tomaten, Gurke und Paprikaschote waschen und abtropfen lassen. Große Tomaten halbieren. Die Gurke in Scheiben schneiden. Die Paprika in etwa 1 cm große Würfel schneiden. Das Basilikum waschen und trocken schütteln, die Blätter abzupfen.

Gemüse, Basilikumblätter und Mozzarellakugeln abwechselnd auf die Holzspieße stecken. Die Spieße in eine Dose legen und diese verschließen.

Für den Quark die Kräuter waschen und trocken schütteln, die Blätter abzupfen und fein hacken und mit dem Quark verrühren. Den Kräuterquark mit Salz und Pfeffer abschmecken, in ein Glas füllen, und dieses verschließen. Spieße und Kräuterquark bis zum Verzehr kalt stellen.

Zuhause	Arbeit	Portionen	kcal	E	KH	F
10 Min.	0 Min.	1	310	23 g	10 g	23 g

FLEISCH

UND FISCH

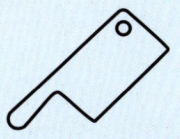

Geflügelfond

mit Gewürzen

1 Stück Ingwer (3 cm)
1 Hähnchenkarkasse
1 Sternanis
2–3 Zimtstangen
Salz

Den Ingwer schälen oder waschen und in Scheiben schneiden. Die Hähnchenkarkasse mit 4 l Wasser in einen Topf geben und aufkochen. Ingwer, Sternanis, Zimtstangen und Salz dazugeben und alles 1 Stunde zugedeckt köcheln lassen. Dann nochmals 1 l Wasser dazugießen und alles weitere 2 Stunden köcheln lassen.

Den Geflügelfond durch ein Sieb gießen und sofort heiß in luftdicht schließende, sterilisierte Flaschen füllen. Die Flaschen sofort verschließen und mehrere Minuten auf den Kopf stellen, dann abkühlen lassen. Alternativ den Fond abkühlen lassen und portionsweise einfrieren.

Zuhause	Arbeit	Portionen	kcal	E	KH	F
5 + 180 Min.	0 Min.	4 Liter	–	–	–	–

FLEISCH UND FISCH

Vitalsuppe
mit Hähnchen und Cashewkernen

1 Hähnchenschenkel (mit Haut)
1 EL Kokosöl
60 g Erbsen (frisch gepalt oder TK)
1 Brokkolistiel
50 g gelbe Paprikaschote
45 g Möhre
2 Stängel glatte Petersilie
1 EL Cashewkerne
½ TL gemahlener Kreuzkümmel
½ Sternanis
Salz, weißer Pfeffer

Den Hähnchenschenkel waschen und trocken tupfen. Das Fleisch vom Knochen schneiden und Sehnen entfernen. Dann das Fleisch in mundgerechte Streifen schneiden. Das Öl in einer Pfanne erhitzen und die Hähnchenstreifen darin je nach Größe etwa 5–8 Minuten anbraten, bis sie durchgegart sind. Das Fleisch abkühlen lassen.

Tiefgekühlte Erbsen in einer kleinen Schüssel auftauen lassen. Den Brokkolistiel schälen und mit dem Spiralschneider in dünne Brokkolinudeln schneiden. Die Paprika waschen, die Möhre schälen. Beides in Stifte schneiden. Die Petersilie waschen und trocken schütteln, die Blätter abzupfen und hacken. Die Cashewkerne mit einem großen Messer grob hacken.

Nacheinander Fleisch, Möhre, Erbsen, Paprika und Brokkoli in ein Glas schichten und mit Petersilie und Cashewkernen abschließen. Das Glas verschließen. Mischung bis zum Verzehr kalt stellen. Kreuzkümmel und Sternanis mit etwas Salz und Pfeffer in eine separate Dose füllen.

IN DER ARBEIT — Gewürzmischung ins Glas geben und alles mit kochendem Wasser aufgießen. Das Glas verschließen und die Suppe 5–7 Minuten ziehen lassen. Dann die Suppe in einen tiefen Teller gießen.

Zuhause	Arbeit	Portionen	kcal	E	KH	F
15 Min.	7 Min.	1	465	31 g	18 g	29 g

Chicoréesalat

mit Hähnchen

50 g Hähnchenfleisch
(z.B. Brustfilet)
1 EL Olivenöl
Salz, Pfeffer
1 Chicorée
1 Orange
1 Handvoll Blattsalatmischung
10 g Rote-Bete-Sprossen
1–2 EL Granatapfelkerne

Das Hähnchenfleisch waschen, trocken tupfen und in kleine Stücke schneiden. Das Öl in einer Pfanne erhitzen und die Fleischstücke darin je nach Größe etwa 5–8 Minuten anbraten, bis sie durchgegart sind. Mit Salz und Pfeffer würzen und abkühlen lassen.

Den Chicorée waschen und halbieren, den harten Strunk herausschneiden. Dann den Chicorée in feine Streifen schneiden. Die Orange so schälen, dass auch die weiße Haut mit entfernt wird. Die Fruchtfilets zwischen den Trennwänden mit einem scharfen Messer herausschneiden. Den Blattsalat waschen, trocken schleudern und in kleine Stücke zupfen. Die Sprossen in einem Sieb gut mit kaltem Wasser abbrausen und anschließend abtropfen lassen.

Nacheinander Orangenfilets, Chicorée, Granatapfelkerne, Blattsalat, Fleischstücke und Sprossen in ein Glas schichten und dieses verschließen. Den Salat bis zum Verzehr kalt stellen.

UNSER TIPP — Den Salat auf einen Teller geben und mit einem aromatischem Öl, zum Beispiel Trauben- oder Kürbiskernöl, beträufeln.

Zuhause	Arbeit	Portionen	kcal	E	KH	F
15 Min.	0 Min.	1	220	13 g	12 g	10 g

FLEISCH UND FISCH

Hähnchenspieße
mit Salat und Senfdressing

1 Hähnchenbrustfilet (ca. 150 g)
Salz, Pfeffer
2 Handvoll Pflücksalat
½ Avocado
1–2 TL Limettensaft
1–2 EL Alfalfasprossen

FÜR DAS DRESSING
1 EL Joghurt
½ EL Quark (40% Fett i. Tr.)
1 EL Zitronensaft
½ TL mittelscharfer Senf
Salz

AUSSERDEM
4 kleine Partyspieße

Das Hähnchenbrustfilet waschen, trocken tupfen und mit Salz und Pfeffer würzen. Eine Grillpfanne erhitzen und das Fleisch auf jeder Seite etwa 5 Minuten braten, bis es durchgegart ist und Grillstreifen hat.

Während das Hähnchen brät, nebenher den Pflücksalat waschen und trocken schleudern. Aus der Avocadohälfte falls nötig den Kern entfernen. Die Avocado schälen, das Fruchtfleisch in Streifen schneiden und mit Limettensaft beträufeln. Die Sprossen in einem Sieb mit kaltem Wasser abbrausen und abtropfen lassen.

Für das Dressing Joghurt, Quark, Zitronensaft und Senf gut verrühren. Das Dressing mit Salz würzen, in ein Glas geben und dieses verschließen. Das Dressing bis zum Verzehr kalt stellen.

Das Hähnchen aus der Pfanne nehmen, in vier Stücke schneiden, abkühlen lassen und auf die Partyspieße stecken. Die Spieße in eine Dose geben und diese verschließen. Salat, Avocado und Sprossen in eine weitere Dose geben. Alles bis zum Verzehr kalt stellen.

IN DER ARBEIT — Salat mit Avocado und Sprossen auf einem Teller anrichten und nach Belieben salzen und pfeffern. Dressing auf den Teller geben und die Hähnchenspieße darauf anrichten.

UNSER TIPP — Das Hähnchenfleisch kann nach Belieben nochmals kurz erwärmt werden.

Zuhause	Arbeit	Portionen	kcal	E	KH	F
20 Min.	5 Min.	1	305	39 g	6 g	14 g

Rindfleischstreifen
asiatischer Art

140 g Rindfleisch (zum Kurz-
braten, z. B. Rinderfilet)
2 Champignons
1 Möhre
¼ Salatgurke
1 Pak Choi (ca. 200 g)
Saft von ½ Limette
1 TL Agavendicksaft
2 EL Sojasauce
1 EL Teriyakisauce
1–2 EL Sesamöl
30 g Reisnudeln

FÜR DAS TOPPING
2 Stängel Koriandergrün
1 EL gehackte Cashewkerne
½ TL weiße Sesamsamen
½ TL schwarze Sesamsamen

Das Rindfleisch in mundgerechte Streifen schneiden.
Die Champignons mit einem Küchentuch abreiben, die
trockenen Stielenden abschneiden. Die Pilze in dünne
Scheiben schneiden. Die Möhre schälen und in dünne
Scheiben schneiden. Die Gurke schälen, längs halbieren,
entkernen und ebenfalls in Scheiben schneiden. Den
Pak Choi waschen und vierteln.

Limettensaft, Agavendicksaft, Soja- und Teriyakisauce
in einem Schälchen verrühren. Das Öl in einer Pfanne
erhitzen und das Rindfleisch darin unter Wenden rundum braun braten. Möhre und Pak Choi dazugeben und
kurz mit anbraten. Champignons und Gurke hinzufügen
und kurz mitbraten. Die Saucenmischung unterrühren.
Die Fleischmischung in eine Dose geben und diese verschließen. Abkühlen lassen und kalt stellen. Die Nudeln
in einer Dose oder in der Packung mitnehmen.

Für das Topping Koriander waschen und trocken
schütteln, die Blätter abzupfen und mit Cashewkernen
und Sesam in ein Glas füllen und dieses verschließen.

IN DER ARBEIT — Reisnudeln nach Packungsangabe zubereiten. Fleisch und Gemüse in einer Pfanne erwärmen,
dann die heißen Nudeln unterrühren. Auf zwei Teller
geben und mit Koriander, Nüssen und Sesam bestreuen.

UNSER TIPP — Das Gericht kann auch ganz zu Hause
zubereitet und in der Arbeit kalt verzehrt werden. Statt
Reisnudeln eignen sich auch Low-Carb-Nudeln.

Zuhause	Arbeit	Portionen	kcal	E	KH	F
15 Min.	10 Min.	2	290	19 g	24 g	13 g

FLEISCH UND FISCH

Asia-Nudel-Suppe

mit Rindfleisch

90 g Konjak-Nudeln (z. B. aus dem Asia- oder Bioladen)
1 EL Olivenöl
60 g Rindersteak
Salz, Pfeffer
25 g kleine Brokkoliröschen
½ rote Zwiebel
50 g Möhre
2 Stängel Koriandergrün
1–2 EL Sprossen (Sorte nach Belieben)
½ Bio-Limette
1 Frühlingszwiebel
weiße Sesamsamen zum Bestreuen (nach Belieben)
500 ml Geflügelfond (s. S. 128)

Die Konjak-Nudeln in einem Sieb mit warmem Wasser abbrausen und abtropfen lassen. Das Öl in einer Pfanne erhitzen und das Rindfleisch darin rundum braun braten. Das Fleisch mit Salz und Pfeffer würzen und dann in dünne Scheiben schneiden.

Den Brokkoli waschen. Die Zwiebel schälen und in dünne Ringe schneiden. Die Möhre schälen und mit dem Sparschäler in lange Möhrennudeln hobeln. Den Koriander waschen und trocken schütteln, die Blätter abzupfen. Die Sprossen in einem Sieb gut mit kaltem Wasser abbrausen und anschließend abtropfen lassen. Die Limettenhälfte auf der Schalenseite waschen und trocken reiben, dann in Spalten schneiden. Die Frühlingszwiebel waschen und ohne Wurzelansatz in feine Ringe schneiden.

Nacheinander Nudeln, Frühlingszwiebeln, Brokkoli, Zwiebeln, Möhren, Fleisch und Koriander in ein hohes Glas schichten und mit Limettenspalten und Sprossen abschließen. Das Glas verschließen und die Suppenmischung bis zum Verzehr kalt stellen. Den Sesam in ein kleines Glas füllen und dieses verschließen.

IN DER ARBEIT — Den Geflügelfond erhitzen und über die Zutaten im Glas gießen, bis alles mit Fond bedeckt ist. Das Glas verschließen und die Suppe 5–8 Minuten ziehen lassen. Dann die Suppe in einen tiefen Teller füllen und nach Belieben mit Sesam bestreuen.

Zuhause	Arbeit	Portionen	kcal	E	KH	F
15 Min.	10 Min.	1	230	16 g	9 g	7 g

Rainbow Rolls
mit Süßsauer-Sauce

FÜR DIE SAUCE

5 g Ingwer
1 Knoblauchzehe
1 Msp. Agar-Agar
2 TL Sesamöl
3 EL Apfelessig
1 TL Zitronensaft
1 TL Sojasauce
½ TL Tomatenmark
1—2 EL Agavendicksaft
Salz

FÜR DIE ROLLS

1 Bio-Limette
½ Avocado, entkernt
¼ Salatgurke
¼ rote Paprikaschote
¼ gelbe Paprikaschote
2 Blätter Rotkohl (ca. 30 g)
1 Möhre
30 g Zuckerschoten
1 EL Erbsen (frisch gepalt
oder TK)
2 Zweige Minze
2 Stängel glatte Petersilie
40 g Hähnchenfleisch, gebraten
200 g Konjak-Nudeln (aus dem
Asia- oder Bioladen)
Salz, weißer Pfeffer
9 Reispapierblätter (à 16 cm Ø)
1 EL weiße Sesamsamen

Für die Sauce den Ingwer schälen und fein hacken. Den Knoblauch schälen und durch die Knoblauchpresse drücken. Das Agar-Agar mit 2 EL kaltem Wasser verrühren. Ingwer, Knoblauch und Agar-Agar-Wasser mit Öl, Essig, Zitronensaft und Sojasauce in einem Topf zum Kochen bringen. Das Tomatenmark und 3—5 EL Wasser hinzufügen und alles etwa 5 Minuten köcheln lassen. Die Sauce mit Agavendicksaft und Salz abschmecken, in ein Glas füllen und dieses verschließen. Abkühlen lassen.

Für die Rolls Limette waschen, trocken reiben und halbieren. Eine Hälfte in schmale Spalten schneiden, die zweite auspressen. Avocado schälen, in Streifen schneiden und mit Limettensaft beträufeln. Gurke, Paprikas und Rotkohl waschen und abtropfen lassen. Gurke in dünne Scheiben, Paprika und Rotkohl in feine Streifen schneiden. Möhre schälen und mit dem Sparschäler in dünne Streifen hobeln. Zuckerschoten waschen und putzen. Tiefgekühlte Erbsen auftauen lassen. Minze und Petersilie waschen und trocken schütteln, die Blätter abzupfen. Hähnchenfleisch in kleine Stücke schneiden.

Nudeln nach Packungsangabe zubereiten und in neun Portionen teilen. Gemüse mit Salz und Pfeffer würzen. Nudeln in Variationen mit Gemüse, Fleisch und Kräutern belegen. Einen tiefen Teller mit Wasser füllen. Reispapier nach Packungsangabe ein paar Sekunden einweichen, auf einen Teller legen und biegsam werden lassen. Je eine belegte Nudelportion in ein Blatt einrollen. Rollen mit Sesam bestreuen und mit den Limettenspalten in einer Dose bis zum Verzehr kalt stellen.

Zuhause	Arbeit	Portionen	kcal	E	KH	F
45 Min.	0 Min.	9 Stk.	80	2 g	8 g	4 g

Bouletten mit Erbsengemüse

und Püree

FÜR DIE BOULETTEN

1 TL Kapern (aus dem Glas)
1 Schalotte
1 EL Butter
1–2 Stängel glatte Petersilie
200 g Rinderhackfleisch
1 EL Joghurt
1 TL mittelscharfer Senf
1 Eigelb
Salz, Pfeffer
1 EL Olivenöl

FÜR DAS GEMÜSE

4 Radieschen
80 g Zuckerschoten
80 g Erbsen (frisch gepalt
oder TK)
½ TL Apfelessig
1 Schuss Zitronensaft
Salz, Pfeffer

FÜR DAS PÜREE

1 kleine Pastinake (ca. 50 g)
1 kleine Süßkartoffel (ca. 100 g)
frisch geriebene Muskatnuss
Salz

AUSSERDEM

kleine Partyspieße

Für die Bouletten die Kapern abtropfen lassen und grob hacken. Die Schalotte schälen und fein würfeln. Die Butter in einer Pfanne erhitzen und die Schalotte darin goldbraun anbraten. Die Petersilie waschen und trocken schütteln, die Blätter abzupfen und fein hacken. Hackfleisch mit Kapern, Schalotten, Petersilie, Joghurt, Senf und Eigelb in einer Schüssel vermischen. Die Masse mit Salz und Pfeffer würzen und kleine Bouletten daraus formen. Das Öl in der Pfanne erhitzen und die Bouletten darin 7–10 Minuten braun braten, dabei zwischendurch wenden. Bouletten abkühlen lassen und nach Belieben auf kleine Partyspieße stecken.

Für das Gemüse die Radieschen waschen, putzen und in Scheiben schneiden. Die Zuckerschoten waschen, putzen und abtropfen lassen. Tiefgekühlte Erbsen auftauen und abtropfen lassen. Alle Gemüse in einer Schüssel mit Essig, Zitronensaft sowie etwas Salz und Pfeffer mischen.

Für das Püree Pastinake und Süßkartoffel schälen, klein schneiden und knapp mit Wasser bedeckt in einem Topf zugedeckt etwa 10 Minuten weich kochen. Das Wasser abgießen. Gemüse mit einem Stampfer zu Püree verarbeiten, mit Muskat und Salz würzen und abkühlen lassen. Bouletten, Gemüse und Püree separat in Dosen packen und diese verschließen. Alles bis zum Verzehr kalt stellen.

IN DER ARBEIT — Bouletten und Püree in der Pfanne erwärmen und auf Teller geben. Das Gemüse schmeckt kalt oder nach Belieben kurz erhitzt – die kalte Variante ist knackiger und vitalstoffreicher.

Zuhause	Arbeit	Portionen	kcal	E	KH	F
25 Min.	10 Min.	2	450	29 g	21 g	27 g

Teriyaki-Hähnchen
mit Blumenkohlreis

1 Hähnchenbrustfilet (ca. 160 g)
100 g Chinakohl
½ rote Paprikaschote
½ grüne Paprikaschote
1 Knoblauchzehe
½ rote Zwiebel
½ Blumenkohl (ca. 400 g)
1 TL Kokosöl
50 ml Sojasauce
1 TL Honig
1 EL weiße Sesamsamen
Salz, Pfeffer
1 TL schwarze Sesamsamen
2 Stängel Koriandergrün

Das Hähnchenfleisch waschen, trocken tupfen und in mundgerechte Streifen schneiden. Den Chinakohl waschen, vom harten Strunk befreien und in etwa 2 cm große Würfel schneiden. Die Paprikahälften entkernen, waschen und in kleine Stücke oder Streifen schneiden. Knoblauch und Zwiebel schälen, Zwiebel in Ringe schneiden. Den Blumenkohl putzen, waschen und abtropfen lassen.

Das Öl in einer Pfanne erhitzen und die Hähnchenstreifen darin rundum anbraten, bis sie durchgegart und leicht braun sind. Den Knoblauch durch die Knoblauchpresse dazudrücken. Sojasauce, Honig und weißen Sesam hinzufügen und kurz mit anbraten. Zwiebel, Paprika und Chinakohl dazugeben und alles unter gelegentlichem Rühren 5–10 Minuten braten. Das Teriyaki-Hähnchen mit Salz und Pfeffer würzen, in eine Dose füllen und abkühlen lassen. Die Dose verschließen.

Den Blumenkohl mit der Küchenreibe fein reiben, sodass er eine reisähnliche Konsistenz hat. Den Blumenkohlreis mit dem schwarzen Sesam vermischen, in eine Dose füllen und diese verschließen. Den Koriander ebenfalls in eine Dose packen. Alle Dosen kalt stellen.

IN DER ARBEIT — Den Blumenkohlreis in eine Schüssel füllen. Das Teriyaki-Hähnchen mit Gemüse erwärmen und auf zwei Tellern anrichten. Den Koriander waschen und trocken schütteln, die Blätter abzupfen und über das Teriyaki-Hähnchen geben.

Zuhause	Arbeit	Portionen	kcal	E	KH	F
15 Min.	10 Min.	2	295	28 g	13 g	13 g

Spinat-Wraps
mit Lachs und Meerrettich

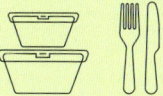

FÜR DIE WRAPS
260 g Blattspinat
3 Eier (Größe M)
frisch geriebene Muskatnuss
Salz, Pfeffer
2 EL Flohsamenschalen
45 g geriebener Parmesan

FÜR DIE FÜLLUNG
1 Bio-Zitrone
1 Stück Ingwer (1 cm)
150 g Frischkäse (Doppel-
rahmstufe)
1 TL Meerrettich (aus dem Glas)
Salz
3–4 Stängel Dill
150 g Wildlachs

Den Spinat waschen und verlesen, Stiele entfernen und große Blätter zerkleinern. Spinat in einen Dämpfeinsatz geben und in einem Topf über wenig Wasser 3–5 Minuten dämpfen. Dämpfeinsatz aus dem Topf nehmen, Spinat abschrecken und gut abtropfen lassen.

Den Backofen auf 160 °C Umluft vorheizen. Ein Backblech mit Backpapier auslegen. Eier mit 1 Prise Muskat sowie etwas Salz und Pfeffer in einer Schüssel mit den Quirlen des Handrührgeräts schaumig schlagen. Flohsamenschalen, Parmesan und zum Schluss den Spinat unterrühren. Die Eiermasse auf dem Backpapier zu einem Rechteck ausstreichen und im Ofen auf der mittleren Schiene 15–20 Minuten backen. Aus dem Ofen nehmen und abkühlen lassen.

Während der Backzeit für die Füllung die Zitrone heiß waschen und trocken reiben. Schale abreiben, Zitrone halbieren und auspressen. Den Ingwer schälen und fein reiben. Frischkäse, Zitronenschale, Ingwer, Meerrettich, etwas Zitronensaft und Salz verrühren. Den Dill waschen und trocken schütteln, die Spitzen abzupfen.

Den Wrap mit Frischkäse bestreichen, Dill daraufstreuen und Lachs darauflegen. Den Wrap vorsichtig einrollen und in Frischhaltefolie wickeln, damit er in Form bleibt. In eine Dose packen und bis zum Verzehr kalt stellen.

IN DER ARBEIT — Mit einem scharfen Messer Wrap in Scheiben schneiden, dabei das Messer nach jedem Schnitt mit einem sauberen, feuchten Tuch abwischen.

Zuhause	Arbeit	Portionen	kcal	E	KH	F
30 Min.	1 Min.	4	295	21 g	3 g	22 g

Gegrillte Garnelen
mit Gurken-Ananas-Salat und Mango-Chutney

FÜR DAS CHUTNEY
½ Mango
1 Stück Ingwer (ca. 1 cm)
½ rote Chilischote
1 Limette
1 EL Apfelessig
2 EL Xucker

FÜR DEN SALAT
2 Salatgurken (ca. 600 g)
1 mittelgroße Ananas (ca. 600 g)
4 Stängel Koriandergrün
4 EL Limettensaft
16 Garnelen (ohne Kopf,
mit Schale)
4 EL Olivenöl
Salz, Pfeffer

Für das Chutney die Mango schälen und in Stücke schneiden. Den Ingwer schälen und klein schneiden. Die Chilischote längs halbieren, entkernen, waschen und klein schneiden. Die Limette halbieren, den Saft auspressen und mit dem Essig verrühren.

Den Xucker in einem Topf erhitzen, bis er flüssig wird. Ingwer und Chili dazugeben, mit der Limetten-Essig-Mischung ablöschen und alles einige Minuten köcheln lassen. Die Mangostücke dazugeben und das Chutney etwa 30 Minuten unter Rühren köcheln lassen. Sollte es zu fest werden, etwas Wasser dazugeben. Chutney in ein Glas füllen und dieses verschließen. Abkühlen lassen.

Für den Salat die Gurken schälen, längs halbieren, entkernen und klein schneiden. Die Ananas schälen, vom harten Strunk befreien und in kleine Stücke schneiden. Den Koriander waschen und trocken schütteln, die Blätter abzupfen und grob hacken. Gurke, Ananas, Koriander und Limettensaft in einer Schüssel vermengen. Den Salat mit Salz würzen und in Gläser geben.

Die Garnelen schälen, am Rücken entlang einschneiden und den Darm entfernen, die Garnelen waschen und trocken tupfen. Das Öl in einer Pfanne erhitzen und die Garnelen darin rundum kurz braten, dann mit Salz und Pfeffer würzen. Die Garnelen abkühlen lassen und auf den Salat geben, die Gläser verschließen. Die Salate bis zum Verzehr kalt stellen.

Zuhause	Arbeit	Portionen	kcal	E	KH	F
60 Min.	0 Min.	4	247	15 g	18 g	10 g

Salat-Wraps mit Garnelen
und Avocadocreme

FÜR DEN SALAT

5 Kirschtomaten

3 Radieschen

¼ Salatgurke

½ Frühlingszwiebel

1 Chilischote

125 g Garnelen (vorgegart
und geschält)

1 EL Kresse (z. B. Gartenkresse,
Rote Rettichkresse)

1 Bio-Zitrone

8 große Salatblätter
(z. B. Kopfsalat)

Salz, Pfeffer (nach Belieben)

FÜR DIE CREME

½ Avocado

Saft von ½ Limette

2 Stängel Koriandergrün

3 Stängel Dill

3 EL Joghurt

Salz, Pfeffer

Für den Salat Tomaten und Radieschen waschen, abtropfen lassen und in dünne Scheiben schneiden. Gurke schälen, längs halbieren und entkernen. Die Hälften jeweils nochmals längs halbieren und in Stücke schneiden. Frühlingszwiebel waschen und ohne Wurzelansatz in dünne Ringe schneiden. Chilischote waschen und in feine Ringe schneiden. Garnelen in einem Sieb mit kaltem Wasser abbrausen, eventuell vorhandene Darmreste entfernen. Kresse von Beet schneiden, in einem Sieb kalt abbrausen und abtropfen lassen. Vorbereitete Zutaten in eine Schüssel geben. Zitrone heiß waschen und trocken reiben, Schale abreiben und Saft auspressen. Zitronenschale und 1 EL Zitronensaft in die Schüssel geben und alles mischen. Die Mischung in eine Dose füllen. Die Salatblätter waschen, trocken schleudern und separat in eine Dose geben. Dosen verschließen und kalt stellen.

Für die Creme die Avocadohälfte falls nötig entkernen, dann schälen und das Fruchtfleisch mit dem Limettensaft in einen Mixbecher geben. Koriander und Dill waschen und trocken schütteln, die Blätter bzw. Spitzen abzupfen. Kräuter und Joghurt zur Avocado geben und alles mit dem Stabmixer fein pürieren. Die Creme mit Salz und Pfeffer abschmecken, in ein Glas füllen und dieses verschließen. Creme bis zum Verzehr kalt stellen.

IN DER ARBEIT — Salatblätter auf einen Teller legen und Garnelen-Salat darauf verteilen, nach Belieben mit Salz und Pfeffer würzen. Avocadocreme auf die Wraps geben. Wraps nach Belieben mit Faden zubinden.

Zuhause	Arbeit	Portionen	kcal	E	KH	F
10 Min.	2 Min.	3	95	8 g	4 g	5 g

Fischfrikadellen

mit Birnen-Fenchel-Erbsen-Salat

FÜR DEN SALAT

½ Fenchelknolle (ca. 120 g)
½ kleine Birne (ca. 65 g)
¼ Frühlingszwiebel
100 g Erbsen (frisch gepalt oder TK)
2 Stängel Dill
2 Stängel Koriandergrün
abgeriebene Schale von ½ Bio-Zitrone
1 EL Zitronensaft
2 EL Orangensaft
Salz, Pfeffer

FÜR DIE FRIKADELLEN

230 g Lachsfilet (ohne Haut)
1 Schalotte
1 Stück Ingwer (1 cm)
½ Chilischote
3 Stängel Dill
abgeriebene Schale von ½ Bio-Zitrone
1 EL Limettensaft (oder Zitronensaft)
1 Eigelb
Salz, Pfeffer
1 EL Olivenöl

Für den Salat den Fenchel waschen, vom harten Strunk befreien und in feine Streifen schneiden. Die Birne schälen, entkernen und in dünne Scheiben schneiden. Die Frühlingszwiebel waschen und in dünne Ringe schneiden. Tiefgekühlte Erbsen auftauen lassen. Dill und Koriander waschen und trocken schütteln, die Blätter bzw. Spitzen abzupfen und hacken.

Fenchel, Birne, Frühlingszwiebel, Erbsen, Kräuter und Zitronenschale in einer Salatschüssel mischen. Zitronen- und Orangensaft untermengen. Den Salat mit Salz und Pfeffer abschmecken, in ein Glas füllen und dieses verschließen. Den Salat bis zum Verzehr kalt stellen.

Für die Frikadellen den Lachs in kleine Würfel schneiden. Die Schalotte schälen und fein würfeln. Den Ingwer schälen und reiben. Die Chilischote längs halbieren, entkernen, waschen und fein hacken. Den Dill waschen und trocken schütteln, die Spitzen abzupfen und hacken.

Lachs, Schalotte, Ingwer, Chili, Dill, Zitronenschale, Limettensaft und Eigelb in einer Schüssel vermischen. Die Masse mit Salz und Pfeffer würzen. Das Öl in einer Pfanne erhitzen. Aus der Lachsmischung vier gleich große Frikadellen formen und diese in der Pfanne etwa 8 Minuten rundum braun braten, dabei zwischendurch einmal wenden. Frikadellen abkühlen lassen, in einer Dose verpacken und bis zum Verzehr kalt stellen.

IN DER ARBEIT — Frikadellen in einer Pfanne erwärmen und zusammen mit dem Salat anrichten.

Zuhause	Arbeit	Portionen	kcal	E	KH	F
20 Min.	10 Min.	2	395	30 g	15 g	18 g

Fischplatte
mit gebeiztem Lachs

FÜR DEN DIP

2 Stängel Dill
50 g Ziegenfrischkäse
½ TL Wasabipaste (z.B. aus
dem Asia- oder Bioladen)
1 Bio-Zitrone
Salz, Pfeffer

FÜR DEN FISCH

1 Bio-Zitrone
2–3 Stängel Dill
1 Mandarine
100 g gebeizter Lachs
Salz, Pfeffer (in verschließbaren Streudosen)
Chiliflocken

Für den Dip den Dill waschen und trocken schütteln, die Spitzen abzupfen und fein hacken. Den Ziegenfrischkäse mit Dill und Wasabi verrühren. Die Zitrone heiß waschen und trocken reiben, die Schale abreiben. Die Zitrone halbieren und den Saft auspressen. Zitronenschale und etwas Zitronensaft unter die Frischkäsemasse rühren. Den Dip mit Salz und Pfeffer abschmecken, in ein Glas geben und dieses verschließen. Den Dip bis zum Verzehr kalt stellen.

Für den Fisch alle Zutaten zum Mitnehmen in Dosen verpacken, den Lachs kalt stellen.

IN DER ARBEIT — Für den Fisch die Zitrone heiß waschen und trocken reiben, die Schale abreiben. Den Dill waschen und trocken schütteln, die Spitzen abzupfen. Die Mandarine so schälen, dass auch die weiße Haut mit entfernt wird. Die Fruchtfilets zwischen den Trennwänden mit einem scharfen Messer herausschneiden. Den Lachs auf einem Teller anrichten, dann Dill und Mandarine darauf verteilen. Lachs mit Salz, Pfeffer, Chiliflocken und Zitronenschale bestreuen und den Dip dazugeben.

Zuhause	Arbeit	Portionen	kcal	E	KH	F
10 Min.	5 Min.	1	365	26 g	9 g	24 g

Thunfisch-Eier-Salat

mit selbst gemachter Mayo

FÜR DEN SALAT

4 Eier (Größe M)
1 Dose Thunfisch (im eigenen Saft; 130 g Abtropfgewicht)
50 g Cornichons (plus 3 EL Einlegeflüssigkeit)
½ Frühlingszwiebel
1 Stange Staudensellerie
¼ Fenchelknolle (ca. 60 g)
2 Radieschen
30 g gelbe Paprikaschote
30 g rote Paprikaschote
1 EL Apfelessig
100 g Joghurt
Salz, Pfeffer

FÜR DIE MAYONNAISE

1 Eigelb
1 TL mittelscharfer Senf
1 TL Zitronensaft
125 ml Öl
Salz, Pfeffer

FÜR DAS TOPPING

4 Radieschen
2 Stängel krause Petersilie
4 TL Rettichkresse

Für den Salat die Eier in kochendem Wasser 10 Minuten hart kochen, kalt abschrecken, pellen und in kleine Stücke schneiden. Den Thunfisch in einem Sieb abtropfen lassen, dann mit der Gabel klein zupfen. Die Cornichons klein schneiden. Frühlingszwiebel, Sellerie, Fenchel, Radieschen und Paprikas waschen und putzen. Frühlingszwiebel und Sellerie in dünne Ringe schneiden. Fenchel, Radieschen und Paprika in kleine Stücke schneiden.

Für die Mayonnaise Eigelb, Senf und Zitronensaft in einer Schüssel mit dem Schneebesen verrühren. Das Öl nach und nach zuerst tröpfchenweise, dann in einem dünnen Strahl dazugießen und alles kräftig verrühren, bis eine cremige Mayonnaise entstanden ist. Die Mayonnaise mit Salz und Pfeffer würzen.

Thunfisch, Eier, Gemüseringe und -stücke, Essig und 3 EL Cornichons-Einlegeflüssigkeit in einer Schüssel verrühren. Joghurt und Mayonnaise untermischen. Den Salat mit Salz und Pfeffer abschmecken, in eine Dose füllen und diese verschließen.

Für das Topping die Radieschen waschen, putzen und in dünne Scheiben schneiden. Die Petersilie waschen und trocken schütteln, die Blätter abzupfen und grob hacken. Die Kresse in einem Sieb kalt abbrausen und gut abtropfen lassen. Toppingzutaten in eine Dose füllen. Salat und Topping bis zum Verzehr kalt stellen.

IN DER ARBEIT — Toppingzutaten auf den Salat geben, diesen nach Belieben zuvor in Schälchen umfüllen.

Zuhause	Arbeit	Portionen	kcal	E	KH	F
20 Min.	0 Min.	4	430	14 g	4 g	39 g

SNACKS

UND KUCHEN

Low-Carb-Energieriegel

mit Nüssen

30 g Walnusskerne
60 g Mandeln
45 g Kürbiskerne
3 Datteln, entsteint
1 EL Cranberrys
25 g Sonnenblumenkerne
Mark von 1 Vanilleschote
Salz
1 gehäufter EL Kokosmehl

Walnüsse, Mandeln und Kürbiskerne im Mixer grob hacken, dann Datteln und Cranberrys dazugeben und mit zerkleinern. Nussmischung mit Sonnenblumenkernen, Vanille, ½ TL Salz und Kokosmehl mehrere Minuten zu einer formbaren Masse verkneten. Backofen auf 150 °C vorheizen. Ein Backblech mit Backpapier auslegen. Masse auf dem Blech zu sechs etwa 1 cm dicken Riegeln formen. Im Ofen auf der mittleren Schiene 20—30 Minuten goldbraun backen. Abgekühlt in einer Dose lagern.

Zuhause	Arbeit	Portionen	kcal	E	KH	F
15 + 30 Min.	0 Min.	6	185	7 g	7 g	13 g

Sesamriegel

Powersnack

15 g zarte Haferflocken
75 g Datteln, entsteint
10 g gemahlene Mandeln
10 g gehobelte Mandeln
20 g weiße Sesamsamen
30 g Cashewbutter (s. S. 56)

Haferflocken in einer Pfanne ohne Fett leicht anrösten. Datteln im Mixer zu einer Creme pürieren. Haferflocken, Dattelcreme, Mandeln, Sesam und Cashewbutter mit den Händen zu einem Teig verkneten. Teig auf einen Bogen Backpapier geben, mit einem zweiten Bogen Backpapier bedecken und mit dem Nudelholz etwa 0,5 cm dick ausrollen. In sechs Riegel schneiden und diese im Kühlschrank fest werden lassen. In einer Dose sind die Riegel im Kühlschrank mindestens 10 Tage haltbar.

Zuhause	Arbeit	Portionen	kcal	E	KH	F
10 Min.	0 Min.	6	120	3 g	12 g	6 g

SNACKS UND KUCHEN

Energiekugeln

mit Kokos und Vanille

35 g Dinkelkleie
20 g gemahlene Mandeln
15 g gehobelte Mandeln
10 g Chiasamen
½ TL gemahlene Vanille
1 EL Kakao-Nibs
15 g Kokosblütenzucker
10 g Kokosraspel
20 g weiches Kokosöl
40 g Sahne
1 EL Ahornsirup

Dinkelkleie und gemahlene Mandeln in eine Schüssel geben. Gehobelte Mandeln mit der Hand zerdrücken und zusammen mit Chiasamen, Vanille, Kakao-Nibs, Kokosblütenzucker und Kokosraspeln zur Kleiemischung in die Schüssel geben und alles vermischen.

Öl, Sahne und Ahornsirup in einer zweiten Schüssel verrühren. Die Mischung zur trockenen Kleiemischung geben und alles gut verrühren.

Den Backofen auf 170 °C Umluft vorheizen. Ein Backblech mit Backpapier auslegen. Aus der Masse mit den Händen haselnussgroße Kugeln formen und diese auf das Backpapier setzen. Die Kugeln im Ofen auf der mittleren Schiene etwa 10 Minuten goldbraun backen.

Blech aus dem Ofen nehmen und die Kugeln darauf abkühlen lassen. Dann in einer Dose oder einem Glas verschlossen aufbewahren. Die Kugeln sind im Kühlschrank etwa 2 Wochen haltbar.

Zuhause	Arbeit	Portionen	kcal	E	KH	F
15 + 10 Min.	0 Min.	12	75	2 g	3 g	6 g

Fruchtschnittchen

in vier Geschmacksrichtungen

GRUNDREZEPT
2 EL gemahlene Nüsse
2 EL getrocknete Früchte
6 runde Backoblaten (à 5 cm Ø)

BEEREN-SCHNITTCHEN
2 EL gemahlene Haselnüsse
1 EL zarte Haferflocken
2 EL getrocknete Beeren
1 Dattel, entsteint

APRIKOSEN-SCHNITTCHEN
2 EL gemahlene Mandeln
3 getrocknete Aprikosen
1 Dattel, entsteint

APFEL-ZIMT-SCHNITTCHEN
2 EL gemahlene Mandeln
1 EL gehobelte Mandeln
1 EL Kokoschips
4 getrocknete Apfelringe
½ TL gemahlener Zimt

PFLAUMEN-KAKAO-
SCHNITTCHEN
2 EL gemahlene Mandeln
3 getrocknete Pflaumen
1 TL rohes Kakaopulver
1 TL Kakao-Nibs
1 Dattel, entsteint

Alle festen Zutaten für ein Rezept in den Mixer geben und fein hacken. 2 EL Wasser dazugeben und nochmals alles durchmixen. Die Oblaten nebeneinander auf die Arbeitsfläche legen.

Aus der Fruchtmischung mit den Händen drei Kugeln formen. Jeweils eine Kugel auf eine Oblate drücken und eine zweite Oblate darauflegen. Die Kugeln gleichmäßig flach drücken, bis die Fruchtmischung als gleich dicke Schicht auf der ganzen Oblate verteilt ist. Die Fruchtschnittchen sind in einer Dose luftdicht verschlossen mehrere Tage haltbar.

UNSER TIPP — Noch mehr Geschmack bekommen die Fruchtschnittchen, wenn sie mit Fruchtsaft statt mit Wasser zubereitet werden. Wer es süß mag, kann nach Belieben mit Agavendicksaft, Xucker oder anderen Alternativen süßen.

UNSERE IDEEN FÜR WEITERE LECKERE GESCHMACKSRICHTUNGEN — Mango-Ingwer, Feige-Sesam, Dattel-Erdnuss oder Cranberry-Kokos.

Zuhause	Arbeit	Portionen	kcal	E	KH	F
10 Min.	0 Min.	3	105	3 g	8 g	6 g

Milchschnitte
à la Low Carb

FÜR DEN SCHOKOTEIG
1 Ei (Größe M)
5 g rohes Kakaopulver
25 g Frischkäse (Doppel-
rahmstufe)

FÜR DIE CREME
1 ganz frisches Eiweiß
(Größe M)
25 g Quark (40 % Fett i. Tr.)
25 g Mascarpone
1 EL Eiweißpulver (Kokos)
1 Msp. gemahlene Vanille

Den Backofen auf 190 °C Umluft vorheizen. Ein Back-blech mit Backpapier auslegen. Für den Teig das Ei trennen. Das Eiweiß in einer Schüssel mit den Quirlen des Handrührgeräts steif schlagen. Das Eigelb in einer zweiten Schüssel mit Kakao und Frischkäse verrühren. Den Eischnee daraufgeben und vorsichtig unterheben.

Den Teig auf dem Backpapier gleichmäßig zu einem etwa 10 x 20 cm großen Rechteck ausstreichen und im Ofen auf der mittleren Schiene etwa 10 Minuten backen. Aus dem Ofen nehmen und abkühlen lassen.

Für die Creme das Eiweiß steif schlagen. Quark und Mascarpone in einer Schüssel verrühren. Eiweißpulver und Vanille unterrühren. Den Eischnee unter die Creme heben und die Masse kurz stehen lassen.

Aus der Schokoplatte zwei gleich große Rechtecke zuschneiden. Die Creme auf eines der Rechtecke geben und gleichmäßig verteilen. Das zweite Rechteck auf die Creme legen und leicht andrücken. Die Milchschnitte in eine Dose legen und diese verschließen. Bis zum Verzehr kalt stellen.

UNSER TIPP — Sollte die Milchschnitte à la Low Carb abends vorbereitet werden und erst für den nächsten Tag zum Verzehr vorgesehen sein, empfehlen wir, die Creme erst vor dem Verzehr daraufzustreichen.

Zuhause	Arbeit	Portionen	kcal	E	KH	F
20 + 10 Min.	0 Min.	1	385	34 g	4 g	25 g

Apfel-Orangen-Muffins

mit Quinoa

50 g Quinoa
2 kleine Äpfel
1 Orange
100 g Kokosöl
50 g Xucker
1 Ei (Größe M)
100 g Dinkelmehl (Typ 1050)
75 g Dinkelvollkornmehl
25 g Kokosmehl
1 TL Weinsteinbackpulver
150–200 ml Mandeldrink
(s. S. 22 oder Fertigprodukt)

AUSSERDEM
1 Muffinblech (12 Mulden)
12 Papierförmchen für Muffins

Die Quinoa in einem Sieb unter fließendem Wasser gründlich waschen. In einem kleinen Topf mit Wasser bedecken und offen 8–10 Minuten weich köcheln. Die Quinoa in ein Sieb abgießen, abtropfen und abkühlen lassen. Die Äpfel schälen und klein schneiden. Die Orange so großzügig schälen, dass auch die weiße Haut mit entfernt wird. Die Filets zwischen den Trennwänden mit einem scharfen Messer herausschneiden und anschließend in kleine Stücke schneiden. Den Backofen auf 175 °C Umluft vorheizen. In jede Mulde des Muffinblechs ein Papierbackförmchen setzen.

Das Öl in einem Topf bei schwacher Hitze zerlassen. Dann mit Xucker, Ei und Quinoa in einer Schüssel verrühren. Beide Dinkelmehlsorten, Kokosmehl und Backpulver in einer zweiten Schüssel vermischen. Die Mehlmischung zur Kokosöl-Ei-Mischung geben. Nach und nach so viel Mandeldrink mit den Quirlen des Handrührgeräts unterrühren, bis ein zähflüssiger Teig entstanden ist. Zum Schluss die Apfel- und Orangenstücke mit einem Löffel unterheben. Den Teig gleichmäßig in die Papierförmchen verteilen.

Die Muffins im Ofen auf der mittleren Schiene 20 Minuten backen. Dann die Stäbchenprobe machen: Bleibt an einem hineingesteckten Holzstäbchen kein Teig mehr haften, sind die Muffins fertig. Andernfalls noch etwa 5 Minuten weiterbacken. Aus dem Ofen nehmen und die Muffins noch etwa 5 Minuten in der Form ruhen lassen. Dann herausheben und auf einem Kuchengitter abkühlen lassen. Zum Mitnehmen in eine Dose packen.

Zuhause	Arbeit	Portionen	kcal	E	KH	F
20 + 25 Min.	0 Min.	12	167	4 g	13 g	10 g

Mini-Muffins
mit Mohn und Zitrone

45 g Butter
abgeriebene Schale von
2 Bio-Zitronen
2 Eier (Größe M)
30 g Kokosmehl
15 g Xucker
1 EL gemahlener Mohn
1 Msp. Natron
1 Msp. gemahlene Vanille
1 Msp. gemahlene Kurkuma
Salz

AUSSERDEM
32 Papierförmchen für
Mini-Muffins

Den Backofen auf 165 °C Umluft vorheizen. Je zwei Papierförmchen ineinanderstellen und auf ein Backblech setzen. Die Butter in einem kleinen Topf bei schwacher Hitze zerlassen, dann die Zitronenschale untermischen.

Buttermischung mit Eiern, Kokosmehl, Xucker, Mohn, Natron, Vanille, Kurkuma und 1 Prise Salz in einer Schüssel mit einem Kochlöffel verrühren.

Den Teig in die Papierförmchen verteilen, dabei für jeden Muffin etwa 1 EL Teig verwenden. Die Muffins im Ofen auf der mittleren Schiene 5 Minuten backen. Dann die Ofentemperatur auf 140—150 °C reduzieren die Muffins in weiteren 5—8 Minuten fertig backen.

Die Muffins vom Backblech nehmen und auf einem Kuchengitter abkühlen lassen. Zum Mitnehmen in eine Dose packen.

UNSER TIPP — Das Zitronenaroma kommt in den Muffins besonders gut zur Geltung, wenn Sie die Schale ganz frisch abreiben und sofort in die warme Butter geben.

Zuhause	Arbeit	Portionen	kcal	E	KH	F
10 + 13 Min.	0 Min.	16	45	2 g	1 g	4 g

Heidelbeer-Vanille-Küchlein

für das Kaffeekränzchen

50 g Butter
2–3 EL Waldheidelbeeren
(frisch oder TK)
2 Eier (Größe M)
20 g Xucker
30 g Xucker light
80 g Mandelmehl
½ TL Weinsteinbackpulver
1 TL gemahlene Vanille
65 g Kokosfett (die feste Schicht
aus einer Dose Kokosmilch)
Puderxucker (nach Belieben)
essbare Blüten (nach Belieben)

AUSSERDEM
1 Springform (16–18 cm Ø)
Fett für die Form

Den Backofen auf 180 °C Umluft vorheizen. Die Springform einfetten. Die Butter in einem kleinen Topf bei schwacher Hitze zerlassen. Frische Heidelbeeren waschen und abtropfen lassen.

Die Eier in einer Schüssel mit den Quirlen des Handrührgeräts schaumig rühren. Xucker und Xucker light dazugeben und alles hellcremig rühren.

Mandelmehl, Backpulver und Vanille in einer großen Schüssel vermischen. Butter und Kokosfett dazugeben und alles verrühren. Den Eier-Xucker-Schaum unterheben. Zum Schluss die Heidelbeeren zum Teig geben (TK-Beeren müssen nicht auftauen) und alles noch einmal durchrühren.

Den Teig in die Springform füllen und im Ofen auf der mittleren Schiene 30 Minuten backen. Dann die Stäbchenprobe machen: Bleibt an einem hineingesteckten Holzstäbchen kein Teig mehr haften, ist der Kuchen fertig. Andernfalls noch 10–15 Minuten weiterbacken.

Die Form aus dem Ofen nehmen und den Kuchen darin noch etwa 10 Minuten ruhen lassen. Dann den Kuchen aus der Form lösen und auf einem Kuchengitter abkühlen lassen. Nach Belieben mit Puderxucker bestreuen und mit essbaren Blüten dekorieren. Zum Mitnehmen in eine Dose packen.

Zuhause	Arbeit	Portionen	kcal	E	KH	F
15 + 45 Min.	0 Min.	8	130	6 g	3 g	9 g

Erdbeertaler

mit Baiserhaube

2 Eiweiß (Größe M)
25 g Xucker
Salz
30 g gemahlene Mandeln
½ TL gemahlene Vanille
1 TL Johannisbrotkernmehl
8 Erdbeeren, gewaschen
und halbiert

Backofen auf 140 °C Umluft vorheizen, Backblech mit Backpapier auslegen. 1 Eiweiß mit 15 g Xucker und 1 Prise Salz über dem heißen Wasserbad steif schlagen. Mandeln, Vanille und Johannisbrotkernmehl mischen, unterheben. Vier Kugeln formen, diese auf dem Blech flach drücken. Im Ofen auf der mittleren Schiene 15–20 Minuten backen. 1 Eiweiß mit 10 g Xucker über dem Wasserbad steif schlagen. Erdbeeren und Baiser auf die Taler geben, diese 15 Minuten fertig backen.

Zuhause	Arbeit	Portionen	kcal	E	KH	F
20 + 35 Min.	0 Min.	4	80	4 g	2 g	4 g

Low-Carb-Kekse

mit Mandeln

1 Ei (Größe M)
50 g Mandelmus
30 g Xucker
75 g gemahlene Mandeln

Den Backofen auf 175 °C Umluft vorheizen. Ein Backblech mit Backpapier auslegen. Das Ei in einer Schüssel schaumig schlagen, dann Mandelmus und Xucker unterrühren. Die Mandeln dazugeben und alles zu einem Teig verarbeiten. Mit einem Teelöffel etwa 15 Teighäufchen auf das Backpapier setzen. Die Kekse im Ofen auf der mittleren Schiene 10–15 Minuten goldgelb backen. Vom Blech nehmen und auf einem Kuchengitter abkühlen lassen. In einer Dose aufbewahren.

Zuhause	Arbeit	Portionen	kcal	E	KH	F
10 + 15 Min.	0 Min.	15	65	2 g	1 g	4 g

Schoko-Oopsies

mit Aufstrichen

FÜR DIE OOPSIES

2 Eier (Größe M), Salz
40 g Frischkäse (Doppel-
rahmstufe)
15 g rohes Kakaopulver
1 Schuss Agavendicksaft
Frischkäse, Quark oder Aufstrich (Sorte nach Belieben)
Kerne und Früchte, mundgerecht
geschnitten (nach Belieben)

Backofen auf 190 °C Ober-/Unterhitze vorheizen. Zwei Backbleche mit Backpapier auslegen. Eier trennen. Eiweiße mit 1 Prise Salz steif schlagen. Eigelbe mit Frischkäse, Kakao, Agavendicksaft und 1 Prise Salz verrühren. Eischnee unterrühren. Aus dem Teig sofort zehn Fladen auf die Bleche setzen — nicht zu dicht, da die Oopsies sonst zusammenlaufen. Im Ofen auf der mittleren Schiene 10—15 Minuten backen. Abkühlen lassen und in eine Dose packen. Frischkäse, Quark oder Aufstrich und Früchte nach Belieben in Gläser und Dosen packen.

Zuhause	Arbeit	Portionen	kcal	E	KH	F
15 + 5 Min.	0 Min.	10	30	2 g	1 g	2 g

ZIMTAUFSTRICH

50 g Mandelmus
½ TL gemahlener Zimt
½ TL gemahlene Vanille
1 TL Agavendicksaft
frisch geriebene Muskatnuss

Alle Zutaten in einen Mixbecher geben und mit dem Stabmixer fein pürieren. Zimtaufstrich in ein Glas füllen und dieses verschließen. Den Zimtaufstrich in den Kühlschrank stellen, dort ist er etwa 10 Tage haltbar.

Zuhause	Arbeit	Portionen	kcal	E	KH	F
5 Min.	0 Min.	5	70	2 g	2 g	6 g

SCHOKO-HANF-CREME

65 g Kokosöl
20 g Kakaopulver
(schwach entölt)
30 g geschälte Hanfsamen
Agavendicksaft (nach Belieben)

Das Öl in einem Topf bei schwacher Hitze schmelzen. Öl mit Kakao und Hanfsamen in einem Mixbecher mit dem Stabmixer cremig pürieren. Die Creme nach Belieben mit Agavendicksaft süßen, in ein Glas füllen und abkühlen lassen. Das Glas verschließen und kalt stellen. Die Creme ist im Kühlschrank mindestens 1 Woche haltbar.

Zuhause	Arbeit	Portionen	kcal	E	KH	F
10 Min.	0 Min.	10	80	2 g	1 g	7 g

Kokoswaffeln

mit Puderxucker und Beeren

30 g Butter
1 EL Kokosöl
2 Eier (Größe M)
60 g Quark (40 % Fett i. Tr.)
3 gehäufte EL Eiweißpulver
(Kokos)
1 gestrichener TL Weinsteinbackpulver
etwas Puderxucker
Früchte (nach Belieben)

Butter und Öl in einem Topf bei schwacher Hitze zerlassen. Die Eier in einer Schüssel verquirlen. Quark,
Butter und Kokosöl dazugeben und alles gut verrühren.
Eiweiß- und Backpulver unterrühren. Sollte der Teig
zu fest sein, noch 1 bis 2 EL Wasser unterrühren, sodass
ein zähflüssiger glatter Teig entsteht.

Das Waffeleisen vorheizen. Pro Waffel eine Schöpfkelle Teig in das Waffeleisen geben und goldbraun
backen. Die Waffeln auf einem Kuchengitter abkühlen
lassen und dann in Dosen packen.

IN DER ARBEIT — Waffeln mit Puderxucker bestreuen
und nach Belieben mit Früchten belegen.

UNSER TIPP — Wer Lust hat, bereitet den Teig für
mehrere Personen zu Hause zu und nimmt ihn zusammen
mit dem Waffeleisen mit zur Arbeit. Frisch gebackene
Waffeln schmecken immer noch am besten!

Zuhause	Arbeit	Portionen	kcal	E	KH	F
15 Min.	1 Min.	2	395	36 g	4 g	26 g

Beereneis

am Stiel

100g gemischte Beeren
(frisch oder TK)
1 EL Joghurt
150 ml Milch
Xucker (nach Belieben)
1 EL Chiasamen

AUSSERDEM
6 Stieleis-Förmchen
6 Eisstiele

Frische Beeren waschen und abtropfen lassen. Joghurt, Milch und etwa 75g Beeren (TK-Beeren müssen nicht auftauen) in einen Mixer geben und fein pürieren. Die restlichen Beeren zum Püree geben und das Ganze nach Belieben etwas mit Xucker süßen.

Das Püree in eine dicht schließende Dose füllen und diese verschließen. Bis zum Mitnehmen kalt stellen.

IN DER ARBEIT — Die Chiasamen gut unter die Beerenmasse rühren. Die Eismasse in die Stieleis-Förmchen füllen und je einen Eisstiel hineinstecken. Dann mindestens 2 Stunden im Tiefkühlfach gefrieren lassen.

Zuhause	Arbeit	Portionen	kcal	E	KH	F
5 Min.	5 + 120 Min.	6	30	2g	2g	1g

Pekannuss-Konfekt

mit Kokos

45 g Pekannüsse (plus 6 Pekannüsse für die Deko)
1 EL Kokosöl
40 g Datteln, entsteint
½ TL gemahlene Vanille

Die Pekannüsse im Mixer fein mahlen. Das Öl in einem kleinen Topf bei schwacher Hitze zerlassen. Datteln, Vanille und flüssiges Kokosöl zu den gemahlenen Nüssen geben und alles zusammen fein zerkleinern.

Die Nussmasse mit den Händen zu einer Kugel kneten und auf einen Bogen Backpapier legen. Einen zweiten Bogen Backpapier darauflegen und die Nussmasse mit dem Nudelholz zu einem etwa 1 cm dicken Rechteck ausrollen. Mit einem Messer oder Ausstecher in etwa 3 x 3 cm große Quadrate schneiden oder ausstechen.

Auf jedes Quadrat jeweils eine Pekannuss legen und leicht andrücken. Das Konfekt im Kühlschrank fest wer-den lassen. Bis zum Verzehr in einer Dose aufbewahren. Im Kühlschrank ist das Pekannnus-Konfekt mindestens 1 Woche haltbar.

Zuhause	Arbeit	Portionen	kcal	E	KH	F
10 Min.	0 Min.	6	100	1 g	5 g	8 g

Zimtkekse

mit Rosinen

125 g gemahlene Mandeln
½ TL Natron
½ Vanilleschote
1 TL gemahlener Zimt
1–2 TL Xucker
60 g weiche Butter
1 EL Rosinen

Den Backofen auf 175 °C Umluft vorheizen. Ein Back-blech mit Backpapier auslegen.

Mandeln und Natron in einer Schüssel vermischen. Die Vanilleschote längs aufschneiden und das Mark mit einem kleinen Messer herauskratzen.

Vanillemark, Zimt, Xucker und Butter zur Mandelmischung geben und alles gut vermengen. Zum Schluss die Rosinen unterkneten.

Aus dem Teig zwölf Kugeln formen, diese auf das Back-papier setzen und flach drücken. Die Kekse im Ofen auf der mittleren Schiene 10–15 Minuten goldbraun backen. Vom Blech nehmen und auf einem Kuchengitter abkühlen lassen. Die Zimtkekse sind luftdicht verschlossen in einer Dose aufbewahrt mehrere Tage haltbar.

Zuhause	Arbeit	Portionen	kcal	E	KH	F
10 + 15 Min.	0 Min.	12	110	3 g	2 g	10 g

Register

Über die Autoren

Wir lieben gesundes Essen und betreiben seit mehreren Jahren ein großes Foodportal zum Thema kohlenhydratarme Ernährung. Auf unserer Website lowcarbrezepte.org finden Sie viele leckere Rezepte, interessante Beiträge und Tipps rund um die Low-Carb-Ernährung. Mit viel Leidenschaft kreieren wir immer neue leckere Low-Carb-Rezeptideen. Bei der Foodfotografie ist uns wichtig, das Gericht so zu fotografieren, wie es auch gegessen wird.

Unsere Rezepte bringen Abwechslung für unterwegs und enthalten viele gesunde Zutaten. Wir lieben Real Food und verarbeiten in erster Linie Lebensmittel, die unverändert sind und unserem Körper gut tun. Um nach der Pause weiterhin leistungsfähig und konzentriert arbeiten zu können, belasten unsere Low-Carb-Gerichte nicht den Körper. Das Schöne an den kohlenhydratarmen Rezepten ist, dass sie nach dem Essen nicht träge und müde machen oder einem das Gefühl geben, ein Nickerchen unter dem Schreibtisch wäre jetzt das Beste.

Das Kochbuch Low Carb to go haben wir für alle Menschen entwickelt, die sich kohlenhydratarm ernähren wollen. Die Zufuhr an gesunden und komplexen Kohlenhydraten ist entscheidend für einen gut funktionierenden Organismus, für unsere Gesundheit und unser Wohlbefinden. Wichtig ist uns, dass jeder seine eigenen Wünsche und Ideen immer mit einbringen kann. Es gibt nicht nur den einen Weg. Jeder Mensch hat eigene Vorstellungen und Prioritäten, und das ist auch gut so. Ein Rezept sollte deshalb nie als Pflichtanleitung verstanden werden, wo man alles genau nach dem vorgegebenen Schema durchführen muss. Natürlich kann und soll man das Rezept nach den eigenen Vorlieben anpassen und verbessern.

Idealerweise ist Low Carb Ihre dauerhafte Ernährungsform und keine kurzfristige Diät, in der auf schlechte Kohlenhydrate wie Zucker, Weißmehl, Fast Food, Fertigprodukte, zu viele Teig- und Backwaren und ungesunde Lebensmittel bewusst verzichtet wird. Versorgen Sie sich und Ihren Körper mit gesunden Lebensmitteln.

Ein guter Tipp am Schluss: Gönnen Sie sich ab und zu eine »Low-Carb-Auszeit«. Ein kompletter Verzicht auf alle sündhaften Lebensmitteln führt meistens nicht ans Ziel. Hin und wieder darf man auch mal ein Gericht wählen, das nicht ganz in die kohlenhydratarme Ernährung passt. Dieses Gericht sollte man mit Bedacht auswählen und es in vollen Zügen genießen, um dann mit der gesunden Ernährungsweise fortzufahren. So hat man nie das Gefühl des vollständigen Verzichts oder mit Verboten leben zu müssen.

Wir wünschen viel Freude mit unseren Rezepten.

Als erstes bedanken wir uns bei allen Lesern unserer Webseite lowcarbrezepte.org, die uns mit ihren Anmerkungen immer neue Denkanstöße und Impulse geben.

Einen besonderen Dank an Melanie, die es nicht immer einfach hatte mit unserer perfektionistischen Beharrlichkeit, und an das restliche Team des Dorling Kindersley Verlags.

Natürlich danken wir unseren Eltern, Familien und Freunden, insbesondere auch Charis, für die Unterstützung.

Danke an LIEBLINGSGLAS (lieblingsglas.de), für die Bereitstellung der vielen tollen Gläser und das passende Zubehör.

Danke an KERNenergie (kern-energie.com), für die Übersendung der leckeren Nüsse, die wir in unseren Rezepten verwenden durften.

Und wir bedanken uns bei allen, die dieses Buch gekauft haben.

© Dorling Kindersley Verlag GmbH, München, 2018
Ein Unternehmen der Penguin Random House Group
Alle Rechte vorbehalten
1. Auflage, 2018

TEXT UND FOTOGRAFIE Sandra und Mirco Stupning
LEKTORAT Karin Kerber
GESTALTUNG, TYPOGRAFIE, REALISATION
Studio Rio, München
AUTORENFOTO Julia Reinke

Für den DK Verlag:
PROGRAMMLEITUNG Monika Schlitzer
REDAKTIONSLEITUNG Caren Hummel
PROJEKTBETREUUNG Melanie Haizmann
HERSTELLUNGSLEITUNG Dorothee Whittaker
HERSTELLUNGSKOORDINATION Arnika Marx
HERSTELLUNG Sabine Hüttenkofer, Verena Marquart

ISBN 978-3-8310-3438-3

REPRO Farbsatz, Neuried/München
DRUCK UND BINDUNG Neografia, Slowakei

MIX
Paper from
responsible sources
FSC® C020353

Besuchen Sie uns im Internet
WWW.DORLINGKINDERSLEY.DE

Hinweis
Die Informationen und Ratschläge in diesem Buch sind von den Autoren
und vom Verlag sorgfältig erwogen und geprüft, dennoch kann eine
Garantie nicht übernommen werden.
Eine Haftung der Autoren bzw. des Verlags und seiner Beauftragten
für Personen-, Sach- und Vermögensschäden ist ausgeschlossen.

NOCH MEHR
GESUNDE INSPIRATION

978-3-8310-2942-6
12,95 € (D) / 13,40 € (A)

978-3-8310-3063-7
12,95 € (D) / 13,40 € (A)

978-3-8310-2943-3
12,95 € (D) / 13,40 € (A)